BEN IK IN BEELD?

ROEK LIPS

?

Uitgeverij FC Klap

COLOFON

Uitgeverij FC Klap
©2011 NPO
Eerste druk september 2011

NUR: 811
EAN: 9789085670759

Auteur: Roek Lips
Eindredactie: Kim Hopmans (FC Klap)
Vormgeving: Studio FC Klap
Druk- en bindwerk: Drukkerij Proost, Turnhout

media op maat

INHOUD

VOORWOORD

Nerds. Het zijn de mannen in zwarte t-shirts in de krochten van je kantoorpand, de mannen die je belt als je e-mail vasthangt of je printer hapert, de mannen die beslissen over techniek waarvan verder niemand in het gebouw iets begrijpt.

Nu zitten de nerds nog 'weggestopt' in de catacomben van bedrijven, maar als we de voortekenen in Silicon Valley mogen geloven, zullen ze snel de bovenste verdiepingen van de kantoorpanden innemen. In het technologiecentrum van de wereld worden gigantische bedragen betaald om nerds weg te kapen. Als waren het beroemde voetballers, zijn transfersommen van 20 tot 50 miljoen niet uitzonderlijk. En dat zijn slechts de voorschotten. Het salaris, de secundaire arbeidsvoorwaarden en het optiepakket volgen dan nog.

Op het eerste gezicht misschien bizarre bedragen, maar in werkelijkheid slechts een schijntje. Tenminste, als je het vergelijkt met de waarderingen die analisten aan de bedrijven geven. Zo wordt communicatiedienst Twitter op moment van schrijven gewaardeerd op meer dan $10 miljard, gamemaker Zynga op ruim $12 miljard en muziekkluisterdienst Spotify op $1 miljard. *Grand dame* Facebook wordt zelfs in één adem genoemd met een 'luttel' bedrag van $50 miljard.

Al deze bedrijven zijn behalve technologie- ook mediabedrijven. En wie kan tegenwoordig nog zonder ze?
Jongeren in ieder geval zeker niet.

Twitter deed zowel onze onderlinge communicatie als de
complete journalistieke wereld behoorlijk op haar grond-
vesten schudden. Zynga kreeg honderden miljoenen
mensen zover een virtuele boerderij te onderhouden op
Facebook en verdient daarmee meer geld dan de grootste
gamebedrijven. En Spotify zorgde ervoor dat een grote
groep jongeren bereid is te betalen voor muziek; voor
een vast bedrag per maand kunnen ze zoveel muziek
luisteren als ze willen, wat de muziekindustrie in een paar
jaar ingrijpend veranderde.

Ik ben gefascineerd door kleine bedrijven met afwijkende
ideeën. Baanbrekende plannen die volledige sectoren compleet op z'n kop zetten door media slimmer in te zetten
dan de rest. Een gamemaker kan in een jaar meer verdienen
dan een bank. Een blogger kan meer advertenties verkopen
dan een krant. Een bekende YouTuber kan meer kijkers
trekken dan een prime time tv-uitzending.

We zien een generatie opgroeien die gewend is om altijd
verbonden te zijn met het internet. En daarmee met elkaar.
De vraag naar nieuwe media die het dagelijks leven beter,

leuker en efficiënter maken, wordt groter en groter. En ja, slechts één soort mensen kan aan die vraag voldoen: de nerds. In Silicon Valley en andere tech-hotspots werken tienduizenden nerds zich dagelijks in het zweet om nieuwe technologieën te bouwen die de wereld veranderen. Zij maken het mogelijk dat mensen die vroeger alleen konden consumeren, tegenwoordig ook op grote schaal kunnen produceren. En dat zorgt voor schokgolven in de media-wereld.

Roek Lips weet als geen ander hoe de conservatieve media-wereld in elkaar zit en fungeerde zelf regelmatig als breekijzer. Hij weet: de nerds komen eraan en zetten alles op z'n kop. In dit boek vertelt Lips hoe de gevestigde orde daarmee, naar zijn mening, zou moeten omgaan.

DE NERDS KOMEN ERAAN EN NIEMAND IS VEILIG DAT STAAT VAST

Alexander Klöpping,
Blogger en nieuwe-medianerd

LEESTIPS

Het tijdperk van de dominante linkerhersenhelft *– waarin termen als berekening en rationaliteit een sleutelrol spelen –* lijkt langzaam naar de achtergrond te verdwijnen.

Tegelijkertijd wordt de kwaliteit van 'de gevoelige kant' (de rechterhersenhelft) steeds belangrijker. *Creativiteit, anticiperen en flexibiliteit* zijn typische termen die bij het rechterdeel van onze hersenpan horen.

Bij het schrijven heb ik hiermee rekening gehouden. Dus: veel losse onderdelen en toepasselijke illustraties. Combineer naar hartenlust, scharrel op eigen wijze door dit boek en creëer je persoonlijke verhaal.

En voor wie eigenlijk geen tijd heeft – en wie heeft dat nog wel tegenwoordig? – wat tips om het snel te lezen:

- Doe even je computer, smartphone of tablet uit;
- Nestel je op een rustige plek;
- Zorg voor een leeg (of zo leeg mogelijk) hoofd;
- Stel jezelf vooraf de vraag waarom je het boek wilt lezen, zodat je voor jou minder relevante onderdelen kunt overslaan.

"LOGICA BRENGT JE VAN A NAAR B, VERBEELDING OVERAL"

– Albert Einstein –

STEL, JE DRAAIT OP EEN REGENACHTIGE ZONDAGMIDDAG EEN LEUK FILMPJE IN ELKAAR. *Niet onaardig, al zeg je het zelf, dus trek je de stoute schoenen aan en begint een eigen YouTube-kanaal. Binnen enkele dagen heeft het filmpje een paar honderd views. Geinig. Zodra je nog meer filmpjes plaatst, stromen de abonnees bij bosjes binnen. Na een paar maanden heb je duizenden volgers. Een jaar later opgelopen tot ruim twee miljoen. Een sterk verhaal? Niet voor de 16-jarige Amerikaanse Lucas Cruikshank, bedenker van het karakter Fred Figglehorn, een 6-jarige jongen 'met een woedestoornis en een rare familie'. Inmiddels zijn de YouTube-video's van deze tiener meer dan 650 miljoen keer bekeken.*

TRENDING TOPIC

Media is hot. En dan niet alleen belangrijke of vermakelijke nieuwsfeiten, ook 'het fenomeen 'media' is een groots en meeslepend onderwerp. Tenminste… zo lijkt het in ieder geval als je nagaat hoe vaak we met z'n allen over mediazaken praten. Zowel binnen de branche als daarbuiten. Dag in, dag uit een 'trending topic'. Logisch ook, want we hebben er continu mee te maken. In ons werk, onze vrije tijd, waar we ook zijn, wie je ook bent. *Media zijn overal en ván iedereen*. Er verandert veel. En de snelle opkomst van internet en de populariteit van sociale media brengen die veranderingen nog eens in een stroomversnelling. Of je nu maker bent of kijker. Of je nu in de media, het onderwijs, de gezondheidszorg, het bedrijfsleven of bij de overheid werkt: *(de macht van) de media is alom aanwezig.*

VOLGENS EEN AMERIKAANS GEZEGDE GAAT HET ER NIET OM WAT JE WEET OF WIE JE KENT, MAAR WIE JOU KENT

Regelmatig hoor ik: "We moeten iets met sociale media." Of: "Laten we wat met Facebook doen." Maar… wat dan? En hoe definieer je 'iets' precies? Bij de uitvoering blijkt dan ook dat het als traditionele organisatie nog niet zo eenvoudig is om dit succesvol aan te pakken. Het opbouwen van echt contact, het aangaan van de dialoog met het publiek, het doelgericht invulling geven aan termen als 'relatie' en 'verbinding'. Het klinkt allemaal prachtig, maar het blijkt in praktijk nog een hele kluif. Hoe pak je dat nou aan? Om maar te zwijgen over de kleine groep voorlopers die 'het digitale evangelie' – inclusief bijbehorend cyber-jargon – zo graag verkondigt dat de verwarring alleen nog maar groter wordt. Alles bij elkaar bekruipt je het gevoel dat je boot dreigt te missen. En als we érgens bang voor zijn...

Een eerste aanzet tot dit boek kwam tot stand in een periode waarin vaak onheilspellend over 'oude media' werd gesproken. Niet zonder reden. Onderzoeksjourna-listiek staat onder druk, kranten houden hun hoofd met steeds meer moeite boven water, veel fotografen nemen er een baantje bij om te overleven en de concurrentie tussen televisiekanalen neemt schreeuwend toe. Toch zijn juist reguliere media grotendeels bepalend voor de 'tren-ding topics' op Twitter en Facebook. Nieuwe vragen steken de kop op: hoe *dealen* we met dit overvloedige media-aanbod? Hoe maak ik optimaal gebruik van de nieuwe kansen?

In *'Ben ik in beeld?'* staat het verkennen van nieuwe moge-lijkheden centraal. En de geruststellende gedachte dat ze prima samengaan met oude gewoonten. Of nog beter: dat ze elkaar juist versterken. Traditionele media blijken nog helemaal niet op hun retour. Integendeel. Maar dan moet je het nieuwe terrein wel *durven* verkennen. En het pad daadwerkelijk willen bewandelen.

TWEE JAAR GELEDEN WAS HET ZOVER: *ik was toe aan mijn eigen Facebook-account. Maar hoe moest ik dat aanpakken? Ik schakelde mijn 14-jarige dochter in als hulplijn. Zuchtend keek ze me aan, met een blik die mijn gevoel van eigenwaarde niet bepaald versterkte. "Hoe maak ik dan Facebook-vrienden?," was mijn eerste vraag. "Nou, je hebt toch LinkedIn?" vroeg ze en trok mijn laptop naar zich toe. Een vliegensvlugge demonstratie volgde. "Kijk, dan klik je eerst hier en dan daar en hoppa... zo heeft iedereen een uitnodiging ontvangen. Zo makkelijk is het!"*

Ik kreeg het direct benauwd. "Ehm, wat bedoel je precies met: nu heeft iedereen een uitnodiging ontvangen?" Nou, exact zoals ze het zei. In die tijd had ik een uiterst zorgvuldig opgebouwd LinkedIn-bestand met ruim vijfhonderd zakelijke contacten. Zakelijke contacten die ik nu in één klap allemaal had gevraagd of ze mijn Facebook-vriendje wilden worden, met de woorden "Wil je mijn foto's zien?" Na een paar minuten druppelden de eerste reacties al binnen. "Welke foto's bedoel je?" Of: "Leuke uitnodiging, maar ik zie niks." Het bleef nog lang onrustig in mijn mailbox. En toch leverde het me ook een goede ervaring op: trial and error. Een leerstijl die past in de huidige tijd.

Ik merkte dat ik de dialoog over dit onderwerp steeds vaker opzocht, met iedereen die ik tegenkwam, van een vermaarde televisiemaker tot een communicatiestrateeg van een regionaal ziekenhuis. Daarnaast deed ik zelf meer ervaring op door mijn werk als netmanager van Nederland 3, onder andere met het initiëren van TV Lab;

een week lang primetime nieuwe programma's op televisie met de mogelijkheid voor de kijker om echt mee te
doen*. Ik besloot mijn bevindingen over het veranderende
medialandschap te delen in een wekelijks blog. Langzaam
maar zeker kwamen de reacties op gang: van inhoudelijke
aanvullingen en verrassende inzichten tot scherp commentaar en kritische vragen. En de triggerende tweet van
Olav_Hesselmans: "Waarom geef je al je columns niet uit in
boekvorm?" Ziehier het resultaat.

MIJN VERHAAL

In de periode dat ik bij 'de televisie' ging werken, was het
media-aanbod nog zeer beperkt. In 1982, toen ik mijn eerste
researchopdracht voor de dramaserie *Allemaal tuig (IKON)*
uitvoerde, bestond het Nederlandse zenderaanbod slechts uit
twee kanalen. In 1988 was ik als programmamaker betrokken
bij de allereerste uitzending van Nederland 3. De kranten
stonden er vol van: "Nog een tv-zender erbij? Dat kan nooit
uit!" Inmiddels, in het jaar dat televisie in Nederland 60 jaar
bestaat, is het schier onmogelijk om alle zenders uit je hoofd
te kennen. Van schaarste naar overvloed.
'*Ben ik in beeld?*' is een verslag van mijn persoonlijke zoek-
tocht. Ik wil al mijn ervaringen uit mijn werk en verworven
inzichten tijdens presentaties, congressen, het lezen van
blogs, boeken en artikelen met je delen. Het schrijfproces

---

*Zie ook beschrijving van TV Lab op blz. 162

"THOUSANDS OF CANDLES CAN BE LIT FROM A SINGLE CANDLE, AND THE LIFE OF THE CANDLE WILL NOT BE SHORTENED. HAPPINESS NEVER DECREASES BY BEING SHARED"

– Boeddha –

was plezierig en inspirerend. Ik kan alleen maar hopen dat ik dit enthousiasme kan overbrengen, want: *veranderen is veel leuker dan stilstaan*. En bovenal noodzakelijk. De wereld is in beweging en dat is niet voor niets. De kans is groot dat een deel van dit boek op het moment van lezen alweer achterhaald is. Een helder kenmerk van de tijd waarin we leven en wat mij betreft geen reden om het *niet* op te schrijven. Misschien daarom juist wel! Het is onderdeel van de ontdekkingstocht. Ik nodig je uit om mee op reis te gaan en je eigen ervaringen met mij en anderen te delen. Daar wordt de reis alleen maar boeiender van.

VOOR WIE IS DIT BOEK BESTEMD?

Dit boek is voor iedereen die – net als ik – nieuwsgierig is en liever in mogelijkheden en kansen denkt, dan in onmogelijkheden en bedreigingen. Mensen die openstaan voor verandering en daaraan positief willen bijdragen met een eigen product, missie, organisatie of opdracht. Mensen die zich realiseren dat in een door media overwoekerde wereld iets anders nodig is om je verhaal goed over te brengen. En dat het niet nodig is je bang te laten maken door mensen die daar overdreven druk over doen. Ik wil juist aantonen dat nieuwe mogelijkheden de basisbehoeften van mensen niet wezelijk hebben veranderd of zullen veranderen.

Kortom, het is een reisverslag, waarin we onderweg de volgende onderwerpen tegenkomen:

HOOFDSTUK 1: ALLES WAT VERANDERT

Beeldschermen zijn overal. Media ook, 24/7. Wat betekent het eigenlijk als je zegt: "Ik doe iets in de media?" En wat gaat het 'tweede scherm' ons brengen? En is het waar dat alle bedrijven mediabedrijven zijn? Wat verandert er allemaal?

HOOFDSTUK 2: LEIDEND VOLGEN OF VOLGEND LEIDEN?

Nu iedereen voortdurend met elkaar in contact staat, wordt de wereld omgetoverd tot een groot publiek podium. Wie wil, kan persoonlijk in de spotlight staan. Ongeacht rang of stand. Welk initiatief neem jij? Ben jij een volger of een leider?

HOOFDSTUK 3: PUBLIEK BEPAALT

Mensen die vroeger bekend stonden als 'het publiek' krijgen door de impact van sociale media steeds meer invloed. Wordt iedereen een broadcaster? In hoeverre is media maken nog een vak? En kan een massamedium persoonlijker worden?

HOOFDSTUK 4: DE KUNST VAN HET LUISTEREN

'Twitter maar mee!' Makkelijker gezegd dan gedaan. Sommige mensen geven het na een eerste poging al snel op, anderen storten zich vol overgave in het Twitter-geweld. Hoe word je onderdeel van de conversatie in sociale media? En welke richtlijnen moet je volgen?

HOOFDSTUK 5: SUCCES HEEFT VELE VADERS

De opkomst van de creatieve samenleving. Indrukwekkende termen als crowdsurfing, crowdsourcing en co-creatie steken de kop op, maar... wat moet je er precies mee? Hoe maak je optimaal gebruik van een grote groep mensen voor innovatie? Een verfrissende benadering van creativiteit met een grotere kans op baanbrekende gedachten.

HOOFDSTUK 6: VERHALEN DIE VERBINDEN

Onderscheidende verhalen worden steeds belangrijker. Wat zijn de kenmerken van een goed verhaal en hoe betrek je daar alle media bij? Transmedia storytelling!

HOOFDSTUK 7: DE GEEST VAN HET COLLECTIEF

Ons bewustzijn verandert omdat we voortdurend met elkaar in contact zijn. Wat vraagt dat van de missie van je organisatie? Waarom wordt authenticiteit steeds belangrijker en wat is het belang van actief kunnen deelnemen?

HOOFDSTUK 8: NIEUWE MEDIAMAKERS

In vlot tempo groeit het aantal mediamakers. Bovendien wordt het verschil tussen producent en consument – tussen prof en amateur – steeds kleiner. Media maken is een sociale bezigheid. Wat zegt dat over het vak? En welke nieuwe types mediamakers komen er bij?

HOOFDSTUK 9: BEN IK IN BEELD?

Hoe vertel jij je verhaal in het nieuwe tijdperk? Hoe onderscheid je jezelf positief in een tijd dat de strijd om aandacht groter is dan ooit? De centrale vraag is: welke betekenis heb je?

BEN JE ER KLAAR VOOR?

Ik hoop dat mijn verzamelde inzichten en ervaringen je verder op weg helpen en je misschien in staat stellen zelf stappen te ondernemen. Want uiteindelijk is het daarvoor geschreven. Veel plezier onderweg.

Roek Lips
Hilversum, 2011

👍 183 people like this.

ALLES WAT VERANDERT

"STEL DAT EEN DUIKER IN ONDOORZICHTIG *of troebel water terechtkomt, wat kan hij dan het beste doen om toch te overleven?," vroeg een bevriend psycholoog mij een aantal jaren geleden. Niet gehinderd door enige kennis op dit vlak antwoordde ik in een reflex: "Zo snel mogelijk terug naar boven." Fout. Levensgevaarlijk voor een duiker. "Terugzwemmen dan?" Weer fout. Het juiste antwoord: gewoon doorzwemmen. Rechtdoor. En alert blijven op alles wat je onderweg tegenkomt. Dan heb je de grootste overlevingskans.*

Aan dit beeld moet ik vaak denken bij alle nieuwe ontwikkelingen waarmee we nu in de media, en daarbuiten, te maken hebben.

MASSA'S MEDIA

Televisieschermen zijn werkelijk overal. Niet alleen nadrukkelijk aanwezig (groot-groter-grootst) en met haarscherpe kwaliteit in de huiskamer, maar ook op kleine schermpjes. Onderweg in de trein, in de rij bij de kassa, in de wachtkamer van de tandarts: lang leve de smartphone en de tablet. Voor elk wat wils. Waar en wanneer je dat wilt. En dat is nog niet alles: meepraten, meedenken en meedoen is tegenwoordig ook een vanzelfsprekende optie.

Hoewel de media duidelijk aan het veranderen zijn, bestaat anno 2011 bij velen nog het idee dat 'de media' uitsluitend in handen zijn van een kleine groep professionals (producenten), ter vermaak van het publiek (consumenten). Met dat beeld zijn we simpelweg opgegroeid. Uit deze tijd stammen ook begrippen als 'massamedia' en 'kastje kijken', waaraan we met z'n allen nog steeds een groot deel van onze tijd spenderen. Want aan alleen al televisiekijken besteden we gemiddeld drie uur per dag. Tot voor kort was dit puur eenrichtingsverkeer, waarbij alles draait om het zenden van de boodschap. Terugpraten kan wel, maar haalt bar weinig uit (hoewel daarover tijdens voetbalwedstrijden vaak anders wordt gedacht), laat staan dat je daadwerkelijk ergens invloed op kunt uitoefenen. Hetzelfde geldt voor tijdschriften, kranten en radio. Stuk voor stuk eenzijdige communicatie.

Je kunt rustig stellen dat op dit vlak de afgelopen jaren een regelrechte revolutie heeft plaatsgevonden. Immers: iedereen kan nu meedoen. 24 uur per dag. En omdát deelnemen mogelijk is en zelfs als vanzelfsprekend wordt ervaren, groeit de verwachting dat ook traditionele media hierop inspelen.

Het begrip 'media' krijgt hierdoor een geheel nieuwe lading en betekenis. Want wat bedoel je eigenlijk als je zegt: "Ik werk in de media." Of: "Dat heb ik uit de media?" Het is meer dan een bepaalde sector waarin een groep professionals werkzaam is. En meer dan alleen de optelsom van communicatiemiddelen als telefoon, fotografie, kranten, boeken, radio, televisie en film; 'de media' staat nu voor een veel groter geheel. Hoog tijd dus voor een nieuwe definitie waarmee we nu beter uit de voeten kunnen: 'Media is de optelsom van alle middelen en mogelijkheden waarmee mensen over de hele wereld, zonder torenhoge kosten, informatie (beelden, geluid en video) met elkaar kunnen delen.'

MEDIA

Media betekent letterlijk: middelen. Naast kranten, tijdschriften, radio, televisie en film is daar eind vorige eeuw een middel bijgekomen: internet. Geen lullige speler. Wél een groot veranderaar. In 1968 voorspelde Andy Warhol dat ieder mens zijn eigen *'fifteen minutes of fame'* zou krijgen. Met de mogelijkheden van internet is zijn voorspelling inmiddels meer dan uitgekomen.

YOUTUBE-HIT

Door deelname aan het televisieprogramma *Britain's Got Talent* werd Susan Boyle op slag een bekende Brit. Binnen de landsgrenzen. Maar YouTube bracht haar nog een stapje verder: door het filmpje van haar auditie werd ze ook wereldwijd een fenomeen met miljoenen hits.

Mensen zoals ik, die al langere tijd werkzaam zijn in de media, moeten wennen aan deze nieuwe betekenis. Dat is niet erg, maar we zullen er wel aan moeten geloven. Want ook de term massamedium, met als doel zoveel mogelijk mensen bereiken, dekt steeds minder de lading. Namelijk, om deze massa zo nauwkeurig mogelijk te benaderen zal de toon juist persoonlijker moeten worden. Met andere woorden: om in contact te komen met een grote groep moeten we ze gericht, haast individueel, aanspreken. Jongeren zijn hieraan gewend. Zij willen niet alleen bepalen wat, wanneer en hoe ze kijken, maar ook inspraak hebben op wat ze zien en hun mening met elkaar kunnen delen. En wij, mediamakers, moeten daarin mee. Onze opdracht is daarom verschoven naar *zoveel mogelijk mensen* tegelijkertijd zo *persoonlijk mogelijk* aanspreken. Van massamedium naar 'Social TV'.

TIPP-EX

Het bedrijf Tipp-Ex trok enorm veel aandacht met de YouTube-commercial over een tandenpoetsende jager die oog in oog komt te staan met een beer. De kijker krijgt de vraag voorgelegd hoe hij moet handelen, schieten of niet? De kijker is vrij om elk antwoord in te vullen en te zien waar het verhaal naartoe gaat... De simpele eenvoud van het idee is indrukwekkend. Bovendien maakt het precies duidelijk wat Tipp-Ex doet en kan!

TWEEDE SCHERM

In dat opzicht verwachten we nu veel van het zogenaamde 'tweede scherm' waarop je in de huiskamer live kan meedoen met wat op televisie wordt aangeboden. Dus met je laptop, smartphone of tablet op schoot televisiekijken om meer informatie te kunnen opvragen, zelf te participeren door te stemmen op je favoriete kandidaat of op een andere manier interactief deel te nemen. Terwijl je tegelijkertijd via sociale netwerken als Twitter en Facebook je ervaringen deelt met je vrienden.

Ook de kwaliteit van videobeeld ging in korte tijd met sprongen vooruit. Niet zo lang geleden was hd-kwaliteit op internet nog een uitzondering. Inmiddels is het allemaal betaalbaar en een stuk eenvoudiger te produceren en te bewerken. Kijk voor een indruk naar de videoclips van Sam Tsui die in enkele dagen indrukwekkende clips op zijn laptop produceerde. Zijn tot nu bekendste video is *Just a dream,* met inmiddels meer dan achtentwintig miljoen views. Maar wie de YouTube-videoclip *The evolution of dance* bekijkt – waarin comedian Judson Laipply in zes minuten de geschiedenis van de moderne dans uitbeeldt – ziet ook dat de kwaliteit van beeld en geluid niet altijd doorslaggevend is. Echt doorslaggevend is uiteindelijk de kracht van het idee!

WILLITBLEND.COM

"Will it blend? That's the question!" Het bedrijf Blendtech groeide als kool vanaf het moment dat eigenaar Tom Dickson liet zien hoe hij alles in zijn zelfgeproduceerde blender gooide; colablikjes, golfballen, iPhones en iPads, zijn blender vermaalde alles tot gruis. Inmiddels zijn de filmpjes duizenden keren doorgestuurd.

REVOLUTIE IN DE MEDIA?

Het is niet de eerste mediarevolutie. De uitvinding van de boekdrukkunst had eveneens grote impact. Ineens konden veel meer mensen over hetzelfde verhaal beschikken. Een groot voordeel, maar tegelijkertijd verdween wel het directe contact tussen de verhalenverteller en zijn publiek; een typisch kenmerk in de verdere ontwikkeling van massamedia. De komst van sociale media verandert dit nu volledig. De mogelijkheid dat iedereen kan meepraten en meedoen is juist één van de belangrijkste eigenschappen. In feite herstellen sociale media het contact tussen verteller en publiek.

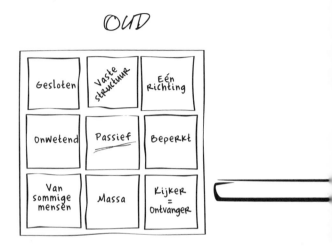

VAN IEDEREEN, VOOR IEDEREEN

Het delen van media is niet langer beperkt tot traditionele televisiezenders. De digitalisering stelt nu iedereen in staat om verhalen te maken en te verspreiden. En dat niet alleen. Sommige mensen bereiken dezelfde – of zelfs grotere – impact dan verhalen die op televisie te zien zijn. Een mooi voorbeeld is het project *Shooting back* van mensenrechten-organisatie B'Tselem, die Palestijnen in bezette gebieden uitrustte met simpele videocamera's en hen opriep dagelijkse gebeurtenissen in beeld te brengen. Of eigenlijk: dagelijkse gebeurtenissen onder niet-alledaagse omstandigheden, namelijk in een sfeer van onderdrukking en geweld. Een treffende manier om de kijker zich te laten identificeren met de onderdrukte Palestijnse bevolking, maar tegelijkertijd keihard bewijsmateriaal om gewelddadige misstanden aan

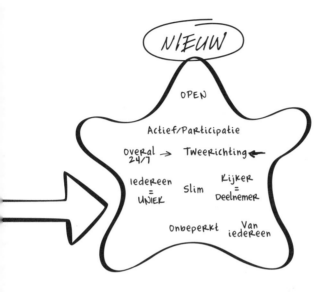

de kaak te kunnen stellen. De indrukwekkende beelden misten hun uitwerking op de publieke opinie zeker niet.

NIEUWE WERELD

Veranderingen in het medialandschap en de verwachtingen die de nieuwe mogelijkheden oproepen, hebben impact op ieder mens. Ze prikkelen, stimuleren en ontregelen. De enige constante factor is: verandering. Meer en meer komen media in handen van iedereen. En de gevolgen gaan verder dan alleen de invloed op media zelf. Het vraagt om nieuwe inzichten, flexibiliteit, aanpassingsvermogen en misschien ook wel een andere organisatie en werkomgeving. Het is geen toeval dat steeds meer pas-afgestudeerden de voorkeur geven aan een zelfstandig bestaan. Openheid, transparantie en vrijheid genieten vaker de voorkeur boven aanpassing aan strakke

"ALLE BEDRIJVEN ZIJN MEDIABEDRIJVEN"

hiërarchieën, gesloten organisaties, regels en eenrichtingsverkeer. Kort samengevat: er ontstaat een nieuwe wereld
aan mogelijkheden. Een wereld waarin je een eigen aandeel
kunt hebben, meedoet, co-creëert en zelf verantwoordelijkheid neemt.

KOFFIEAUTOMAATMOMENTJE

Seets2meet.com in Utrecht is een eigentijds ingerichte werkomgeving voor zelf-
standige professionals. Gericht op (samen)werken, ontmoeten en kennis delen.
Stoelen zijn per stuk te reserveren. Het uitgangspunt? Elkaar inspireren. Het
gezamenlijk koffieautomaatmomentje is daarbij mooi meegenomen...

VERSCHUIVING VAN MACHT

De bijna onbegrensde beschikbaarheid van informatie,
kennis, content en creativiteit is een bekend gegeven voor
de nieuwste generatie, die van kinds af aan 'digitaal'
is opgegroeid. Jongeren beschouwen het uitgangspunt 'iedereen mag meedoen' eerder als normaal dan
uitzonderlijk. Media zijn immers voor iedereen voor-
handen, overal en wanneer je maar wilt. En techniek is
niet langer een beperkende factor: dagelijks wordt een
groeiende hoeveelheid content geproduceerd en met
een mobieltje heb je praktisch een complete omroep in
je binnenzak! Een gevolg is dat media aan exclusiviteits-
waarde dreigt in te boeten, waardoor sommige mensen
zich sceptisch of zelfs negatief opstellen ten opzichte van

alle nieuwe mogelijkheden. Onderliggende reden? Angst. Want het gaat al snel over de verschuiving van de machtsverhoudingen. De macht van (mensen die werken in) traditionele media neemt langzaam af. En die lijn kunnen we naar veel andere organisaties doortrekken. Vertrouwde structuren zijn niet langer vanzelfsprekend. Daarom worstelt degene die in een organisatie voorstelt om het pad van sociale media en digitale ontwikkelingen te ontdekken, vaak met weinig stimulerende reacties. "Zo'n vaart zal het toch niet lopen?" In mijn werk hoor ik regelmatig: "Televisie maken is een vak, dat kun je toch niet aan amateurs overlaten?" In plaats van een enthousiaste verkenning van nieuwe kansen ontstaat dan juist weerstand. Een natuurlijk mechanisme om bekend terrein en vertrouwde, 'eeuwenoude' werkwijzen te beschermen. Die reactie zie je overal, niet alleen in de media, maar ook in andere bedrijven. Natuurlijk, media maken is en blijft een vak, maar het vraagt wel om een nieuwe houding. Er wordt meer transparantie verwacht. Media, van en voor iedereen. Om de publieke behoefte aan deelname tegemoet te komen en te stimuleren. Inmiddels kan dit op

een manier die een aantal jaar geleden nog niet mogelijk was en tegelijkertijd nieuwe kansen creëert. En waarbij het delen van kennis, informatie en een mening steeds meer centraal staat. Een voordeel daarbij is dat je mensen een stem geeft en ze zichtbaar serieus neemt. Met een conversatie als resultaat, wat de betrokkenheid en loyaliteit vergroot. Kortom: je bouwt een band op.

Vanuit die gedachte ging ik de afgelopen jaren steeds vaker in gesprek met mensen uit de media, maar ook uit andere sectoren, zoals onderwijs, overheid, gezondheidszorg, marketing en cultuur. Ik merkte dat deze veranderende houding bij iedereen vragen oproept die voortkomen uit nieuwsgierigheid, soms weerstand, maar vaak ook onzekerheid: de welbekende angst voor het onbekende. Hoe maak *ik* gebruik van sociale media? Hoe doe ik dat als professional? Wat kan wel en wat niet? Waarop moet ik letten? Voel je je hierdoor aangesproken, lees dan snel verder. In de volgende hoofdstukken zal ik deze vragen verder toelichten, aan de hand van veel praktijkvoorbeelden.

LEIDEND VOLGEN OF VOLGEND LEIDEN?

DOE MAAR GEWOON? BE DIFFERENT!

In het YouTube-filmpje 'First Follower: Leadership Lessons from Dancing Guy' zien we een jongen met ontbloot bovenlijf op een zonovergoten heuvelachtig grasveld wild en uitbundig dansen. In zijn eentje. De mensen om hem heen kijken vol verbazing: wat doet hij nou? Maar na een tijdje krijgt hij een medestander. Een eerste volger. Schoorvoetend volgen daarna steeds meer mensen hun voorbeeld. Net zo lang tot iedereen op diezelfde, uitgelaten manier staat te dansen. Een swingende massa.

Deze video geeft in minder dan drie minuten tijd een mooi voorbeeld van écht leiderschap. Allereerst laat het zien dat een leider genoeg lef moet hebben om anders te zijn en alleen te staan. En, ook een belangrijke voorwaarde voor een groter bereik en meer volgers, de manier waarop de leider danst is simpel, aanstekelijk en makkelijk te volgen. De eerste persoon die de dansende leider volgt, speelt eveneens een cruciale rol: hij doopt een bijzondere eenling om tot trendsetter en toont iedereen hoe je moet volgen. Ook dat vraagt lef en is dus een vorm van leiderschap. Door samen te dansen zijn de twee nu gelijk. Het gaat niet meer puur om de leider, maar om hen samen. Meervoud. De tweede volger betekent het keerpunt. Met zijn stap geeft hij aan dat de eerste opvolger goed heeft gehandeld. Nu is ook niet meer duidelijk wie begonnen is. Drie dansende mensen vormen samen een groep en dat is bepalend: een groep wordt immers opgemerkt door anderen. Om meer volgers te krijgen is het daarom van groot belang dat niet alleen de leider, maar iedereen wordt gezien. Een echte leider gaat het ook niet om de waardering, maar om de verandering die in gang wordt gezet. Zodra nog meer mensen volgen, ontstaat een omslagpunt. Nu is sprake van een echte beweging waaraan je onopvallend of minder uitgesproken kunt deelnemen, terwijl je voorop loopt met degene die de beweging begon. Wie snel is, behoort nog tot de pioniers. Samenvattend kun je zeggen dat het essentieel is om onderscheidend te zijn, zichtbaar en makkelijk te volgen. Maar ook dat volgers net zo belangrijk zijn als leiders en dat ze elkaar nodig hebben om een echte beweging in gang te zetten. Leiderschap gaat dus ook over moed. De moed om iemand te volgen en anderen weer te laten zien hóe je dat doet. Oftewel: wie heeft het lef om als één van de eersten op te staan en mee te doen?

WELK VERHAAL GEEF JIJ DOOR?

Leiders zijn gericht op de toekomst. Op verandering. Op dingen die daarvoor nog niet bestonden. Ze zijn gericht op het creëren van nieuwe beweging.

"Here's to the crazy ones. The misfits. The rebels. The troublemakers. The ones who see things differently. They're not fond of rules. And they have no respect for the status quo. And while some may see them as the crazy ones, we see genius. Because the people who are crazy enough to think they can change the world, are the ones who do."

> **"LAAT DEGENE DIE DE WERELD IN BEWEGING WIL ZETTEN, EERST ZELF IN ACTIE KOMEN"**
>
> – Socrates –

IEDEREEN EEN LEIDER?

Dankzij de ontwikkelingen van internet en sociale media zijn we makkelijker te bereiken dan ooit. We staan 24 uur per dag met elkaar in verbinding en kunnen met behulp van internet in korte tijd nieuwe bewegingen in gang zetten. Het is niet meer alleen aan professionals, zoals journalisten, om via krant of tv invloed uit te oefenen binnen de media. De wereld is omgetoverd tot een groot publiek podium, waarbij iedereen in de spotlight kan staan. En leider kan worden op welk gebied dan ook, mits je wat toevoegt. Vertrouwde verhoudingen zijn hierdoor steeds minder vanzelfsprekend. Rang of stand is namelijk niet bepalend voor het aantal volgers dat je creëert. Wie heeft het eigenlijk voor het zeggen?

CRUSH ON OBAMA

De YouTube-video 'I got a crush... on Obama' wordt gezien als een van de meest invloedrijke video's uit de verkiezingscampagne van Obama. De viral muziekvideo laat de verleidelijke Amber Lee Ettinger zien die 'verliefd' is op de presidentskandidaat en zo de populariteit van Obama onder vrouwen prikkelt. De makers lieten later weten dat het filmpje puur voor de lol was gemaakt. Echter, de impact was er niet minder om.

I CANNOT WAIT, 'TIL 2008
BABY YOU'RE THE BEST CANDIDATE
I LIKE IT WHEN YOU GET HARD
ON HILLARY IN DEBATE
WHY DON'T YOU PICK UP YOUR PHONE?'
CAUSE I'VE GOT A CRUSH ON ⊚BAMA

Dankzij digitale mogelijkheden kan één persoon eigenhandig het verschil maken. Het gaat vooral over de positie die je wilt innemen en wat je wilt vertellen. Wat wil jij zelf bijdragen? Neem als voorbeeld een willekeurig nieuwsprogramma op televisie. Traditioneel gezien beslist de hoofdredacteur over de inhoud. Redacteuren dragen onderwerpen aan en doen research, maar de hoofdredacteur bepaalt wat wordt uitgezonden. Tegenwoordig is het niet ondenkbaar dat een redacteur of verslaggever het onderwerp of het nieuwsitem al via internet met een grote groep mensen heeft gedeeld, nog voordat hij hierover met de hoofdredacteur spreekt. Zo heeft de redacteur, dankzij het aantal mensen dat hem of haar volgt via sociale media, sneller en – waarschijnlijk meer – invloed dan de eindverantwoordelijke van het programma. En hoe vaker het de moeite waard blijkt om diegene te volgen, hoe meer volgers zich zullen aandienen. Een praktijkvoorbeeld is politiek verslaggever Frits Wester die door de hoofdredactie van RTL Nieuws werd aangesproken op zijn Twitter-gedrag. Wester verspreidde namelijk al vóór een nieuwsuitzending zijn bevindingen via Twitter en dat werd niet op prijs gesteld. Zo kregen zijn vele volgelingen het nieuws immers eerder te horen dan RTL het kon uitzenden.

STEL JE VOOR

... dat een leraar de eerste twee vragen van het proefwerk alvast openbaar maakt, om leerlingen te motiveren en te betrekken bij de leerstof?

... dat een hoofdredacteur afspraken maakt met redacteuren over het aantal volgers dat hij/zij in de loop van het jaar zal creëren op Twitter, Hyves en Facebook rond bepaalde onderwerpen, puur om meer impact te hebben?

... dat een huisarts het initiatief neemt voor een Twitter-spreekuur tijdens een naderende epidemie, om in korte tijd veel vragen te beantwoorden?

... dat een burgemeester in een eigen blog in gesprek gaat met zijn gemeente over een nieuwe bestemmingsplan, om democratie beter vorm te geven?

Welke effecten zou dit allemaal (kunnen) hebben?

PIONIEREN

Tot nu toe hebben we het vooral over leidend volgen gehad. Maar hoe zit het met volgend leiden? Hoe zou je dat kunnen toepassen? De leiding nemen – en zeker voorop lopen – kan risicovol zijn. Tenminste, dat wordt regelmatig benadrukt. *Doe maar normaal, dan doe je al gek genoeg*, is niet voor niets een veelgehoorde uitspraak. Het vraagt ook om een andere aansturing binnen organisaties. Directies vinden het vaak ingewikkeld dat medewerkers steeds zichtbaarder worden, zeker als ze daarmee meer invloed krijgen. Reden genoeg om terughoudend te zijn met het stimuleren van medewerkers in hun sociale mediagebruik, of dit zelfs helemaal te verbieden. Terecht? Nee, natuurlijk niet! Een afwachtende houding en het demonstratief niet deelnemen aan een

heersende en bloeiende beweging is meermalen risico-
voller. Ontwikkelingen gaan razendsnel en ja, natuurlijk
gaat pionieren – met *trial* en *error* – gepaard met mogelijke
risico's. Maar *niet* meedoen is niet alleen onmogelijk, het
zet je ook op achterstand ten opzichte van bedrijven die wel
meedoen. Is er iemand die nog denkt dat de ontwikkelingen
van internet voorbij gaan? Dat de techniek achter sociale
netwerken verdwijnt? Of dat de behoefte van mensen om
ervaringen met elkaar te delen minder wordt? Want ja, in
dát geval kan het verstandig zijn om niets te doen en medewerkers te verbieden zich op het werk met sociale netwerken
in te laten. Echter, in presentaties, cijfers en gesprekken die
ik dagelijks voer heb ik geen enkele reden aan te nemen dat
het die kant opgaat. Sterker nog, de ontwikkeling snelt hard
voor ons uit. Want naast alle mogelijkheden die de techniek
ons biedt, zien we nu ook hoe de integratie van mogelijkheden tot geheel nieuwe producten leidt. Een telefoon is
allang niet meer 'alleen een telefoon'. Je kunt ermee sms'en,
internetten, audio en video opnemen en versturen, muziek
luisteren en het fungeert inmiddels ook als afstandsbedie-
ning voor allerlei apparaten.

Meegaan met veranderingen is naar mijn mening niet
langer een vrijblijvende optie. Simpelweg omdat ze inspelen
op de behoeften van een steeds groter groeiende groep
mensen. Mensen willen – en dat is niet nieuw – meepraten,
meedenken en meedoen. Niet alleen op mediagebied, ook
daarbuiten: onderwijs, gezondheidszorg, jeugdzorg, overheid, middenstand; iedereen heeft ermee te maken en
wil ermee te maken hebben. En dus moet je die behoefte

WITTE
KONIJNTJES

De eerste onderzeeboten beschikten niet over de geavanceerde apparatuur van nu.
En dus was het een behoorlijk gevaarlijke onderneming om met zoveel mensen in een
kleine ruimte onder water te verblijven. Omdat mensen zuurstoftekort vaak te laat
registreren, waren de risico's erg groot. Daarom namen duikboten witte konijntjes
mee; ze zijn gevoeliger, signaleren eerder veranderingen in het klimaat en kunnen
dus levensreddend zijn. Mensen die nu voorop lopen in organisaties worden ook wel
'witte konijntjes' genoemd. Ze signaleren snel en pakken vaak eerder ontwikkelingen
op die door anderen nog niet worden gezien of begrepen. Kijk goed om je heen: wie
zijn de witte konijntjes in jouw omgeving? En hoe kunnen ze je helpen?

faciliteren. Ook al vind je het spannend om erin mee te gaan of heb je juist geleerd om risico's te mijden en zoveel mogelijk uit te sluiten. Juist nu is het belangrijk om kansen te zien en alert te zijn op voorlopers en de eerste volgers.

IK BEN OMDAT WIJ BESTAAN

Internet en sociale media creëren nieuwe mogelijkheden om mensen met elkaar te verbinden. Dat versterkt de saamhorigheid en schept de gelegenheid om op grote schaal met elkaar, een idee of visie verbonden te zijn. In tegenstelling tot het paradigma: 'Alles draait om mij,' gaat het steeds vaker over: '*Ik ben, omdat wij bestaan.*' Het gaat om de gemeenschappelijke belangen van de groep. Dat vraagt om leiders en volgers die uitgaan van gelijkwaardigheid. Mensen die dat bij het gebruik van sociale media uit het oog verliezen, worden al snel genegeerd.

ZELF DEELNEMEN

Het nieuwe adagium voor leiderschap is 'meedoen'. Op welke positie je ook zit. Aan jou de keus of je die rol op je neemt. Het draait om 'eigen initiatief' en 'deelnemen'. Het delen en inzetten van eigen kennis. En anderen stimuleren om die rol op te pakken. Want hoe meer andersdenkende, onderscheidende mensen, hoe meer goede ideeën kunnen en zullen ontstaan. Ook al is dat eerst even spannend. Daarover kan ik meepraten. Ik begon met een eigen blog om mijn ervaringen en inzichten te delen. Een compleet nieuwe ervaring. En ja, ik vond het spannend om de eerste teksten te verspreiden. Zeker toen

"WEES EEN LEIDER EN BEGIN MET DANSEN. VIND JE DAT SPANNEND, WACHT DAN NOG EVEN AF, MAAR KIJK GOED OM JE HEEN EN ZORG ERVOOR DAT JE EEN VAN DE EERSTEN BENT DIE MEEDANST MET DEGENE DIE HET VOORTOUW NEEMT"

het best een poosje duurde voordat de eerste reacties binnen
druppelden. Na een paar weken kreeg ik steeds meer respons,
waardoor de voordelen om meer en beter aanspreekbaar te
zijn me snel duidelijk werden. Mensen gingen meedenken,
kwamen met aanvullende opmerkingen, (opbouwende)
kritiek, onverwachte reacties en vragen die mede gelegenheid
gaven om te reageren.

LEIDERSCHAP IN SOCIALE MEDIA

Wat is jouw verhaal? Publiceer het via een artikel, website, Facebook of Twitter. Laat
mensen weten hoe je te bereiken bent. Begin klein en laat het groeien. Het gaat soms
sneller dan je denkt. Kies voor het principe van kennisdelen; sluit je aan bij anderen.
Je komt er verder mee. Je verhaal delen geeft voldoening en levert je per definitie
nieuwe inzichten op.

Karen18 karen vander plaetse
Roek Lips: alle bedrijven worden media bedrijven
#md2011tvlab
5 hours ago

Gnaffel TheaterGnaffel
Hoe krijg je meer betrokkenheid van je publiek?
Inspirerend verhaal van **Roek Lips** #mb2011
5 hours ago

"A PERSON WHO NEVER MADE A MISTAKE NEVER TRIED ANYTHING NEW"

– Albert Einstein –

PUBLIEK BEPAALT

HET VLAAMSE TV-PROGRAMMA *BASTA* VAN TV ÉÉN (VRT) *staat voor humoristische onderzoeksjournalistiek. In januari 2011 nemen ze de helpdesk van de mobiele aanbieder Mobistar onder de loep en plaatsen een grote container voor het parkeerterrein. De beveiligings-medewerker van Mobistar die daarover telefonisch zijn beklag doet, wordt vervolgens net als de klanten van Mobistar eindeloos van het kastje naar de muur gestuurd.*

Een week later infiltreert een presentator van *Basta* bij het tv-belspelletje *Quizzit* van VTM, de Vlaamse commerciële omroep. De presentator – de mol – krijgt als opdracht zoveel mogelijk mensen te laten bellen en daarmee zo hoog mogelijke inkomsten te genereren. Ondertussen kraakt een ingeschakeld rekenwonder de codes van iedere opgave, wat duidelijk maakt hoe kijkers gehaaid worden misleid. De uitzending van het televisieprogramma had voor zowel Mobistar als VTM binnen enkele dagen grote gevolgen: Mobistar moest diep door het stof met herhaaldelijke excuses en de Vlaamse Media Maatschappij haalde de belspelletjes per direct van de buis. Hoewel de makers van Basta heus wel enige com-motie hadden verwacht (en nagestreefd), ging dit scenario ook al hun verwachtingen te boven. Wat was hier nou precies gebeurd? En: wat maakt het zo moeilijk om die impact te voorspellen? Het onvoorziene sneeuwbaleffect. Het publiek staat via internet 24/7 met elkaar in verbinding om ervaringen te delen en elke mening lokt weer een nieuw reactie uit. Niet alleen tijdens de uitzending van het tv-programma, maar ook de dagen erna. Vergelijk het met een sneeuwbal die doorrolt en steeds groter wordt. In feite nemen mensen na het programma de controle over via sociale media. En die sneeuwbal kan alle kanten oprollen. Door mee te doen kun je proberen bij te sturen, maar tegenhouden is geen optie. De kracht van sociale netwerken speelt dus een doorslaggevende rol. In het geval van *Basta* dwong het publiek zelf direct maatregelen af.

Een ander voorbeeld is de commercial volgens het 'Even Apeldoorn bellen'-concept die rond het WK Voetbal 2010 verscheen.

Een ouder echtpaar zit op hun woonboot in de Amsterdamse grachten. Op de achtergrond het geluid van de WK-finale. Als de winnende goal wordt gemaakt door het Nederlands Elftal zoomt de camera langzaam uit. In beeld verschijnt de tekst: 'Even Apeldoorn bellen.'

Binnen enkele dagen wordt de commercial op YouTube door duizenden mensen bekeken. Opvallend genoeg is het filmpje niet gemaakt door het reclamebureau dat de campagnes voor Centraal Beheer produceert, maar is het een 'spoof' (zie kader). Een eigen initiatief, van twee makers, in twee dagen tijd en met een schamel budget van 300 euro. In dit geval kon de verzekeraar de (ongevraagde, maar wel extra) exposure wel waarderen, maar het roept toch nieuwe vragen op: had Centraal Beheer hier iets tegen kunnen doen? Wie is eigenaar van het 'Even Apeldoorn bellen'-concept? Als mensen zich het merk toe-eigenen en zelf commercials gaan maken waarvan het 'echte' bedrijf niet de afzender is, hoe kun je dan als marketeer nog een strategie uitvoeren zonder rekening te houden met dit soort initiatieven? Voor minder dan honderd euro heb je al een HD-camera, er bestaan legio montageprogramma's voor 'dummies' en met één druk op de knop kunnen miljoenen mensen wereldwijd het product zien op YouTube...

SAM TSUI

Op YouTube laten Sam Tsui en zijn vriend Kurt zien hoe je met minimale middelen maximale impact kunt genereren. Kijk maar eens naar zijn prachtige Michael Jackson-medley. Geen betaalde professionals, maar twee slimme studenten. En wat ze neerzetten is niet te onderscheiden van 'het werk van profs'.

SPOOFS

Het begrip *spoof* werd in de Eerste Wereldoorlog bedacht door het Engels leger. *Spoof* is een ander woord voor een neptank (Engels: dummy tank), oftewel een kopie van een tank die moet dienen als valstrik om een vijand te misleiden. Tegenwoordig wordt de term ook wel gebruikt voor parodiën op bijvoorbeeld reclamefilmpjes. Via YouTube zijn talloze voorbeelden te vinden van *spoofs* van bekende merken, zoals Coca Cola, Viagra en de Heineken inloopkoelkast.

IEDEREEN EEN BROADCASTER?

Affaires en schandalen naar aanleiding van tv-programma's zijn natuurlijk niet nieuw. Maar de snelheid waarmee die zich kunnen ontwikkelen en het gemak waarop het publiek daar via internet op inspeelt *wel*. De elfjarige Bianca Ryan, die de jury van de Amerikaanse *X Factor* omver blies met haar optreden, was een week later overal ter wereld te zien. Enkele maanden later bracht zij in tientallen landen haar eerste cd uit. Deze snelheid heeft voor- en nadelen. Zo las de zoon van een Amerikaanse senator op Wikipedia dat zijn vader werd afgeschilderd als verrader, terwijl hij in werkelijkheid een oorlogsheld was.

Toen het stuk na tien dagen eindelijk van Wikipedia werd gehaald, was het kwaad al geschied: tientallen media hadden het verhaal al gepubliceerd. Op basis van onder meer dit voorbeeld zag Jimmy Wales – de man achter Wikipedia – in dat hij veranderingen moest doorvoeren om zulke zaken te voorkomen. Zo zijn er inmiddels ook pagina's waarop je geen wijzigingen mag doorvoeren.

Zoals eerder beschreven, betekende de boekdrukkunst een revolutionaire impact op het vertellen van verhalen. Mensen konden vanaf dat moment individueel, op elk gewenst moment en plaats een verhaal tot zich nemen. De uitvinding van de telefoon maakte het mogelijk om op afstand met elkaar te communiceren. Vervolgens wekten beeld- en geluiddragers het verhaal meer tot leven en werd het dankzij radio en televisie ook voor een groot publiek beschikbaar. De komst van sociale media en huidige technologie voegt

"DE MENSEN DIE VROEGER BEKEND STONDEN ALS HET PUBLIEK"

– Jay Rosen, 2006 –

hier nog een nieuwe dimensie aan toe: mensen staan nu ook als groep 24 uur per dag met elkaar in contact. Delen van informatie, in gesprek of discussie gaan, samenwerken en overgaan tot actie; het is allemaal makkelijker geworden. Waar en wanneer we maar willen. Je beantwoordt je mail met één druk op de knop en met wat programmaatjes op je laptop neem je muziek op zoals dat vroeger alleen in een professionele studio kon en met een mobieltje heb je een complete omroep in je binnenzak.

USER-GENERATED CONTENT

Letterlijk vertaald: 'Door gebruikers gegeneerde inhoud', dus geen professionele productie. Variërend van video en foto's tot audio-opnames en andere content. Wikipedia is één van de bekendste voorbeelden. Hoewel het begrip user-generated content vaak wordt gebruikt in de context van nieuwe media en internet is het niet compleet nieuw. De 'stokoude' homevideoprogramma's op televisie zijn hiervan goede voorbeelden. Ook kennen veel tijdschriften en kranten de lezersrubriek. Het belangrijkste verschil zit nu vooral in gemak, relatief lage kosten, snelheid én beschikbaarheid waarmee gebruikers bijdrages kunnen leveren.

WIKIPEDIA
The Free Encyclopedia

Is iedereen dan ineens een *broadcaster*? In potentie is het mogelijk: de techniek staat voor niets en vanwege de lage kosten is in principe alles voor iedereen beschikbaar. Maar in de praktijk maken de meeste mensen 'user-generated content' vooral om dit slechts in kleine kring te verspreiden, ze delen hun filmpjes bijvoorbeeld met familie en vrienden, meer niet. Zo is een telefoongesprek tussen twee mensen niet hetzelfde als een dialoog tussen twee mensen tijdens een radio-uitzending. Dat is immers *bedoeld* voor een grote groep mensen. Veel content die door mensen zelf wordt gemaakt is niet bedoeld om uit te zenden, uitzonderingen daargelaten. Bijvoorbeeld als je, toevallig, op het juiste moment op de juiste plek staat. Zoals de man die in 1940 bij een windstorm getuige was van een in elkaar stortende brug (YouTube: *Tacoma narrows bridge collapse Gallopin' Gertie*) of recentelijk de fascinerende *Battle at Kruger* waarbij een toerist getuige is van een bloederig gevecht tussen een bizon, krokodil en leeuw en vol verbazing verslag doet van de unieke ontknoping.

VAN PUBLIEK NAAR COMMUNITY

Media maken is niet langer voorbehouden aan een kleine groep mensen. Net zo min als de controle over media. En de controle over grote merken. Vormt dat een bedreiging voor professionele mediamakers en voor merkenbouwers? Ik hoorde eens: *"Verhalen hebben we allemaal, maar verhalen vertéllen is een hele kunst."* Natuurlijk blijft het vakwerk,

"MET EEN
MOBIELTJE
HEB JE EEN
COMPLETE
OMROEP
IN JE
BINNENZAK"

maar tegelijkertijd is het noodzakelijk om open te staan voor alle nieuwe mogelijkheden. En dat begint bij het besef dat je publiek bestaat uit slimme deelnemers die graag betrokken worden en ook steeds meer gewend zijn aan die participatie. Delen, converseren, stemmen, reclame maken, researchen, meedenken, signaleren, creëren. Anoniem eenrichtingsverkeer is passé. Daarentegen heten we de mogelijkheid om mee te doen een warm welkom. Misschien kunnen we ook beter het begrip 'community' hanteren dan 'publiek.' Met als uitgangspunt dat mensen in een community echt met elkaar verbonden zijn, zich realiseren dat ze als groep sterker staan en zo ook beter in staat zijn om succesvol individuele of gezamenlijke doelen te bereiken. En ook al participeert nog niet iedereen actief, het feit dat het wel mogelijk is, zorgt voor een andere beleving. Tijdens mijn gastcollege op de Hogeschool voor Media stelde ik de aanwezige studenten de vraag: "Wat is de grootste omroep in de wereld?"

De groep reageerde direct: CNN, Al Jazeera en de Chinese staatstelevisie kwamen voorbij. Het juiste antwoord? YouTube. Een omroep met een relatief mager budget, weinig betaalde werknemers en een onnavolgbaar snelgroeiend miljoenenpubliek. De sleutel van het succes? Heel simpel, denk ik: de eenvoud van het delen, de mogelijkheid om te reageren, je mening te geven en aan te bevelen.

WAARDELOOS OF WAARDEVOL?

Hoewel vrolijk en kleurrijk, worden paardenbloemen dikwijls afgeschilderd als onkruid; wilde, ongewenste of ongecultiveerde planten. Waarschijnlijk omdat de plant zich makkelijk vermeerdert en op verschillende ondergronden kan groeien. Na de bloei tilt de wind de zaadjes mee om ze op grote schaal te verspreiden. Gewassen die tot de categorie onkruid behoren, worden ook wel pioniersplanten genoemd, omdat ze zich snel thuis voelen op een onbewerkt stuk grond. Wat de opvatting over onkruid precies is, blijft aan veranderingen onderhevig. Zo zijn paardenbloemen bijvoorbeeld niet weg te denken uit een weiland of een wilde bloementuin. En inmiddels weten we ook dat ze eetbaar en zelfs gezond zijn; ze zitten bomvol vitaminen, je kunt er thee en honing van maken en als medicijn gebruiken bij chronische pijnklachten of tegen wratten. Dus: hoezo onkruid? En daarom hanteert de wetenschap nu een nieuwe definitie. Onkruid: 'Planten waarvan de waarde nog niet of onvoldoende is vastgesteld.' Hier dringt de vergelijking met user-generated content zich op... Makkelijk te verspreiden (want vrij van rechten), niet afhankelijk van één platform en gratis. Oftewel: 'Media waarvan de waarde nog niet of onvoldoende is vastgesteld.'

PERSOONLIJKE MEDIASTRATEGIE

Wie vroeger, voor het internettijdperk, op zoek was naar informatie of ontspanning liet zich met name leiden door grote mediamerken. Met de juiste marketing was het publiek relatief makkelijk te sturen. Want: wie genoeg geld had, kocht aandacht. Dat kan natuurlijk nog steeds, maar het verschil is dat je vooraf niet precies weet wèlke aandacht je koopt. Vraag het maar aan de hangsloten-fabrikant die overtuigend riep dat je zijn sloten absoluut niet kon openbreken. In no time stroomde YouTube vol met video's waarop handige jongens en meisjes met een hand-omdraai lieten zien dat het tegendeel waar was. Sommigen openden het slot zelfs fluitend met een balpennetje. (YouYube: *Kryptonite lock mayhem*)

MOND-TOT-MOND

Vroeger was het normaal dat het door jou gekozen mediamerk je door het media-aanbod loodste: een krant, tijdschrift of televisiezender. Deze manier van denken is vertaald naar internet: dezelfde merken bouwen sites en verwachten dat het publiek hen daar wel vindt. Fout. Veel sites van relatief goed bekeken tv-programma's trekken soms weinig tot geen bezoekers. En ook het bezoek aan sites van grote kranten staat lang niet altijd in verhouding tot de omvang van de oplage. Wat gaat er mis? Het eenrichtingverkeer en *one-size-fits-all* gaat niet langer op. Het mediagedrag van mensen wordt inmiddels op veel verschillende manieren beïnvloed. Bijvoorbeeld door wat de leden van de community elkaar onderling vertellen via sociale netwerken, zoekmogelijkheden via Google en resultaatlijsten op internet aan de hand van het aantal links. Het ontdekken van media wordt steeds persoonlijker. Zo worden media mede bepaald door wie je bent, waar je bent, wat je doet, wat je in het verleden hebt gedaan, wat je leuk vindt, met wie je contact hebt en met wat er verder over je bekend is.

Producenten – de mensen die content creëren – moeten dus op een mix van alle mogelijkheden inspelen om ook in de toekomst door het publiek gevonden te worden en relevant te blijven. Let wel: daarbij gaat het niet alleen over kranten, radio en televisie. Ook onderwijsinstellingen, kleine zelfstandigen, overheid, gezondheidszorg, *iedereen* zal steeds meer op deze manier in media moeten investeren en minder afhankelijk worden van oude traditionele mediamerken. Met als uitgangspunt dat het begint bij de gebruiker. De consument – vroeger bekend als 'het publiek' en nu deelnemer van de community – zal steeds meer gaan meebepalen wat anderen in de media tegenkomen of ontdekken.

"ALS HET NIEUWS ECHT BELANGRIJK IS, ZAL HET MIJ WEL VINDEN"

– Uitspraak van een student in een onderzoek over journalistiek –

DE KUNST VAN HET LUISTEREN

7 OKTOBER 2010: PAUL DE LEEUW STOPT MET TWITTER

De presentator heeft het helemaal gehad met sociale media. Zijn toelichting: "Ik heb mijn Twitter-account en Hyves-account opgeheven. Ik krijg de laatste tijd vele kankers toegewenst, van homokanker tot algehele kanker. Ik ben er klaar mee. En als je op Twitter iets zegt, dan zeggen ze toch: 'Het is niet waar.' Dus ik dacht: ik stop met die hele meuk. Ik heb geen contact meer met mijn achterban, maar het geeft niet."

Tijdens een gastcollege over sociale media voor schooldirecteuren, zegt één van de aanwezigen: *"Leraren zijn hun leven niet meer zeker. Alle leerlingen hebben tegenwoordig een camera in hun mobiele telefoon. Stel dat één van de leerlingen op een onhandig moment een filmpje van mij maakt en dat op YouTube zet, dan zal dat me de rest van mijn leven achtervolgen. Om maar te zwijgen over wat ze op Twitter allemaal over me kunnen zeggen!"* De leraar raakte blijkbaar een gevoelige snaar, gezien de bijval die hij kreeg uit de zaal.

Regelmatig kom ik mensen tegen die zich, na het aanmaken van een account op een sociaal netwerk, afvragen wat ze nu eigenlijk moeten zeggen. Of mensen die na een eerste kritische reactie van een andere gebruiker geschrokken terugdeinzen en het account alleen nog passief laten bestaan. Of zoals een jeugdzorgmedewerker op een congres stelde: *"Waarom zou ik me blootstellen aan al die onzin? Ik hoef toch niet te weten wanneer iemand naar de WC gaat?"* Ook daar zit wat in. Natuurlijk maakt al die openheid ons kwetsbaar. Fysiek of digitaal: door alle nieuwe middelen zitten we toch een beetje op elkaars lip. Daarom is het goed om na te denken hoe je bovenstaande problemen kunt voorkomen. Of er in ieder geval bij kan stilstaan.

> # "IK HOEF GEWOON NIET DE HELE TIJD OVER MEZELF TE PRATEN. HET MEESTE DAT IK ZEG, WEET IK TOCH WEL"
>
> — Arnon Grunberg —

ONDERDEEL VAN DE CONVERSATIE

De dialoog aangaan met sociale media is makkelijker gezegd dan gedaan, ook al zijn er nu geen technische beperkingen meer. Was het vroeger voor een grote organisatie onmogelijk (of erg kostbaar) om individueel in gesprek te gaan met mensen, nu is het via internet kinderspel om op grote schaal mensen één-op-één te bereiken. Die persoonlijke aanpak sluit naadloos aan bij de behoefte om te communiceren in plaats van op te gaan in 'de zwijgende meerderheid.' Maar hoe doe je dat? Hoe ga je nu van één- naar tweerichtingsverkeer? Wat is de kern van een goede dialoog in sociale netwerken? Al eerder kwamen suggesties aan bod hoe je sociale media handig kunt gebruiken en wat daarvoor belangrijke voorwaarden zijn: transparantie, authenticiteit en eerlijkheid. Het is cruciaal dat jij je bewust bent van de rol waaruit je het gesprek voert. Want: wie ben je? Wat verwachten anderen van je? Wat deel je met hen? Welke onderwerpen bespreek je? Wat geef je terug? Wat wil je toevoegen? Zeker als je vanuit je werkomgeving wilt deelnemen zijn dit belangrijke vragen om jezelf vooraf te stellen.

STAMCAFÉ

Het gesprek via sociale netwerken is misschien wel het beste te vergelijken met het contact tussen mensen in een café. Je loopt naar binnen en observeert de ruimte. De vaste klanten, steevast verzameld rond de bar of stamtafel, zijn bepalend voor het karakter van de horecagelegenheid. Ze kennen het personeel bij voornaam, evenals andere gasten. Omgekeerd weet het personeel ook veel van vaste klanten; wat ze drinken en waarover ze graag kletsen. Daardoor voelen de stamgasten zich thuis. Voor nieuwe bezoekers is altijd ruimte, maar wel volgens impliciete regels. Zo wordt het als onbeleefd ervaren om ongenodigd aan de stamtafel aan te schuiven en daar direct het hoogste woord te voeren. Een populair verkooppraatje als binnenkomer wordt ook niet in dank afgenomen. Een goed gesprek slaagt eerder als je interesse toont in de ander, de juiste vragen stelt en je afvraagt hoe je kunt bijdragen aan een leuk, onderling contact. Want dát is de reden dat mensen naar een café komen en bereid zijn meer voor hun drankje te betalen dan thuis. Wie zelf het gesprek aangaat op internet, moet zich bewust zijn van deze 'stamcafé-mores.'

INNOVATION JAM

Een mooi voorbeeld van dialoog vind ik de 'innovation jam' van IBM. Tienduizenden medewerkers nemen overal ter wereld een weekend lang plaats rond virtuele tafels op internet om samen ideeën uit te wisselen. Iedere tafel heeft een gespreksleider. De deelname is niet vrijblijvend; wie bij IBM werkt, doet mee. In die 48 uur horen medewerkers voorbeelden van specialisten uit talloze landen. Ze kunnen doorvragen om uit te vinden hoe een idee ergens anders benut zou (kunnen) worden. Bovendien stelde de leiding van IBM 100 miljoen beschikbaar voor de uitvoering van een aantal van die ideeën. Bij de eerste sessie in 2006 leverde dit direct tien bruikbare nieuwe ideeën op.

WIJZE MENSEN SPREKEN OMDAT ZE IETS TE ZEGGEN HEBBEN; DWAZEN OM IETS TE ZEGGEN TE HEBBEN

– Plato –

ECHT DEELNEMEN

Een belangrijk sleutelwoord van deelname aan digitale, sociale samensmeltingen is gelijkwaardigheid; ben je bereid om ook je eigen opvattingen ècht ter discussie te stellen? Echt converseren is immers wat anders dan 'twitter maar mee' roepen. Oprechte deelname aan de conversatie is een voorwaarde om serieus te worden genomen. Durf je dat aan? Dan is het een kwestie van gewoon beginnen en experimenteren. En dat betekent niet direct het gesprek overnemen, maar juist aandachtig luisteren. Waar gaat het gesprek over? Hoe kan ik eraan bijdragen? Een veelgemaakte fout is het snel verwijderen van eventuele kritische reacties op jouw schrijfsels. De kans is groot dat dit juist meer weerstand en ongewenste reacties oproept. Een betere oplossing is om contact te zoeken met degene die de kritische noot plaatste en hier gepast op te reageren. Vaak doet deze aandacht al wonderen. Uiteraard gaat deze vorm van aandacht niet op in het geval van de grofgebekte Twitteraars in het voorbeeld van Paul de Leeuw, maar alleen bij 'inhoudelijke' criticasters.

Nick Wijsen Nick Wijsen
@roeklips Vl is toch dezelfde doelgroep? En Dr. Ellen sluit er ook niet echt lekker op aan... Wel tof dat je reageert!
18 hours ago

Voor professionals die al jaren werkzaam zijn in de media of de reclamewereld is deze experimentele '*head first*-aanpak' waarschijnlijk een grote omschakeling, omdat ze gewend zijn te denken vanuit regie en sturing. Begrijpelijk ook, omdat hun opdrachtgevers vaak een voorspelbaar en meetbaar resultaat verlangen. En toch: ga gewoon aan de slag. Naast het eenzijdig uitzenden van een boodschap richting het grote publiek, zoals een debat, interview, documentaire of een PR-campagne, gaat het nu ook om andere kwaliteiten: geduldig observeren en goed luisteren waarover het gesprek gaat en daaraan vervolgens zelf op gelijkwaardig niveau deelnemen. Zonder de controle over communicatie in handen te hebben. En ja, dat voelt kwetsbaar...

TWITTERVERBOD?

■ **Dominee Miller (VS, New Jersey) roept zijn kerkgangers op hun sociale media-accounts te verwijderen. Volgens hem leidt het tot 'verleidelijke contacten en zelfs fysieke ontmoetingen'. Ook andere kerkleiders moeten volgens hem hun accounts deleten. De verleiding op Facebook zou te groot zijn. In zijn gemeente alleen al zouden twintig huwelijken op die manier in zwaar weer zijn gekomen.**

■ **In Canada duikt een probleempje op tijdens de verkiezingen. Het is bij wet verboden om verkiezingsuitslagen bekend te maken als er nog stemlokalen open zijn. Maar ja, verschillende tijdzones... sociale media... Een lastige opgave** dus, want als de bevolking in het westen nog met een rood potlood in de hand staat, zijn in het oosten de stemmen al geteld. De oplossing? Een Twitter-verbod. Helaas. Ondanks de mogelijke boete van 25.000 dollar werd het verbod massaal genegeerd en creatief omzeild.

■ Medewerkers van Brandweer Flevoland mogen onder werktijd geen gebruik meer maken van Twitter en YouTube, nadat een brandweerman een foto van een ongeluk op internet zette. De corpsleiding zegt 'niet tegen Twitter te zijn, maar werk en privé moeten wel gescheiden blijven'.

■ "Grappige exportproducten heeft Nederland: Sieneke, Joran van de Sloot en de PVV," twitterde Cornald Maas in 2010. Reden voor de TROS om zijn contract met onmiddellijke ingang op te zeggen.

■ Dat organisaties nog steeds zoekende zijn als het gaat om 'medewerkers en sociale netwerken', blijkt uit de ophef die ontstaat over een interne email van de NOS-directeur waarin hij de medewerkers aanspreekt over het gebruik van sociale media. Op 11 november 2010 verschijnt onder de kop 'Twitterverbod bij de NOS?' een artikel waarin de NOS-directie uitlegt waarom zij richtlijnen voor het gebruik van sociale media wil aanbieden, maar dat van een Twitter-verbod geen sprake is. Op de radio werd het later aangevuld: "Wel willen we duidelijk maken dat er risico's kleven aan het gebruik van sociale media. Een privé-opvatting van een medewerker kan worden gezien als opvatting van de NOS, dat is voor de buitenwereld niet altijd te scheiden. Daar zit het probleem."

KEUZE

Voorkom je door zelf niet deel te nemen aan het gesprek dat er over je wordt gepraat, geschreven of een opvallend filmpje op YouTube wordt geplaatst? Nee. Als Paul de Leeuw besluit zijn accounts op te heffen, betekent dit niet dat het gesprek 'over hem' stopt. Daarom kun je er, volgens mij, beter zelf bij zijn. Daar waar het gesprek wordt gevoerd. Wat geheid leidt tot verrassingen. Leuke en minder leuke. Maar vergeet niet: onverwachte gesprekken leveren vaak nieuwe inzichten en ideeën op die daarvoor nog niet bestonden.

NOG EEN PAAR VOORBEELDEN

* De Utrechtse Sylvia Groen vraagt op Twitter wat het lekkerste Japanse restaurant in de buurt is. Als alle tips binnen zijn kiest ze voor een bepaalde locatie en laat al haar volgers weten dat zij daar diezelfde avond zal zijn. De Japanner kon die avond 32 extra stoelen aan Sylvia's tafel zetten!

* In het Schotse Aberdeen nodigde de 15-jarige Victoria vrienden uit via Twitter om bij haar thuis een feestje te komen vieren. Haar ouders waren een avondje weg. Helaas kwamen ook 150 ongenode gasten die het huis volledig vernielden.

Spelregels voor sociale media zijn te vergelijken met het leiden van een vergadering:

- Alle deelnemers zijn welkom.

- Wees duidelijk in wat je wilt en waarom.

- Je hoeft niets te zeggen, maar het mag wel.

- Iedere stem telt.

- Wederzijds respect en vertrouwen.

- Goed luisteren.

- Durf een leider te zijn en een afwijkende mening te hebben.

- Probeer zoveel mogelijk inzichten te vergaren.

- Stel de juiste vragen, maar...

- Domme vragen mogen ook.

9 SOORTEN TWITTERAARS

Twitteraars kunnen we onderverdelen in verschillende soorten gebruikers. De Amerikaanse auteur en blogger Guy Kawasaki omschreef aanvankelijk 6 typen, inmiddels is de lijst langer. Welke zijn het en hoe kun je er het beste op reageren?

1. De nieuwkomer. "Ehm... wat doe ik hier eigenlijk?" Deze mensen zijn nog maar kort actief en zijn vooral bekend van tweets als: "Ik ga nu boodschappen doen." Of: "Ik kijk naar mijn kat die in de vensterbank ligt te slapen." Deze mensen gaan op den duur op een andere manier twitteren of verlaten het medium weer.
Motivatie: nieuwsgierigheid naar hoe het werkt.
Aanbevolen aanpak: probeer ze te begrijpen.

2. Het merk. "Hoe zorg ik dat mensen mij niet teveel doorhebben?" Mensen die Twitter inzetten voor marketing, maar dat wel voorzichtig willen doen.
Motivatie: grotere merkbekendheid.
Aanbevolen aanpak: observeren.

3. De prostituee. "Hoe word ik er zelf beter van?" De sociale media-prostituees zien Twitter vooral als een manier om zichzelf te promoten en er zoveel mogelijk geld aan te verdienen.

Motivatie: zelfpromotie en financieel voordeel.

Aanbevolen aanpak: tolereren.

4. De bitch. "Waarover kan ik klagen?" Hoewel het begrip 'bitch' is afgeleid van vrouwelijke honden, zijn het meestal boze mannen die zeuren en zaniken over van alles en nog wat.

Motivatie: het genereren van boze reacties.

Aanbevolen aanpak: blokkeren.

5. De kenner. "Wat is er interessant in mijn vakgebied?" De kenner is een expert op een bepaald gebied (marketing, onderwijs of media). Als je geïnteresseerd bent in hun kennis en ervaring is het volgen van de kenner een verrijking.

Motivatie: het krijgen van erkenning als expert (veel retweets).

Aanbevolen aanpak: volgen.

6. De helper. "Hoe kan ik helpen?" Helpende mensen bestaan, maar zijn zeldzaam. Ze vertonen zich niet teveel op de voorgrond en kijken vooral waar ze hulp kunnen bieden. Soms spontaan, soms vanuit een bepaald ideaal.

Motivatie: het helpen van anderen.

Aanbevolen aanpak: aanbidden.

7. De exhibitionist. **"Mag ik aandacht?"** De exhibitionist twittert er de hele dag vrolijk op los met als meest geliefde onderwerp me, myself and I. Ze stellen geen vragen – tenzij het henzelf betreft – en zijn ook niet betrokken met onderwerpen van anderen.

Motivatie: aandacht opeisen, bekendheid uitbouwen.

Aanbevolen aanpak: negeren, tenzij je natuurlijk een fan bent.

8. De chatter. **"Wie wil er contact?"** De chatter is vooral bezig met het alledaagse leven van vrienden, collega's en/of familie. Gebruikt twitter vooral als alternatief chatprogramma. Soms met een afgeschermd account, soms in het openbaar.

Motivatie: contact.

Aanbevolen aanpak: negeren, tenzij je tot de vriendengroep behoort.

9. De observant. **"Wat gebeurt hier?"** De observant is inmiddels in grote getale aanwezig. Ze volgen wat er gebeurt, maar wel in stilte. Ze reageren nergens op. En zonder dat je het door hebt, nemen ze alle informatie op en doen er op een of andere manier hun voordeel mee.

Motivatie: nieuwsgierigheid, interesse of persoonlijke motivatie.

Aanbevolen aanpak: waarderen en uitnodigen om mee te doen.

Zelf herken ik me het meest in 'het merk' en 'de kenner'. En soms ook in 'de helper' en 'de observant'. Tot welk type behoor jij?

Steve Jobs
Mijn profiel bewerken

- 📋 Nieuwsoverzicht
- 📨 Berichten
- 📅 Evenementen
- 👥 Vrienden

- 👥 Dezedag
- 📕 Groep maken...
  Alles weergeven

- 💎 Bejeweled Blitz
- 👥 Groepen
  Meer ▾

🔍 Vrienden op chat 📖

📧 Je bent momenteel offline. **Ga online** als je met je vrienden wilt chatten.

📋 Nieuwsoverzicht

Delen: 📄 **Status** 🖼 **Foto** 🔗 L

Wat ben je aan het doen?

Mensen die je misschien kent

Socrates
4
gemeenschappelijke vrienden

Socrates
12
gemeenschappe
vrienden

Archimedes
3
gemeenschappelijke vrienden

Newton
8
gemeenschappe
vrienden

Leeuwenhoek
8
gemeenschappelijke vrienden

Galilei
4
gemeenschappe
vrienden

kste nieuws · Meest recent **26**

≣ Vraag

Alles weergeven

in

nschappelijke
en

Plato
9
gemeenschappelijke
vrienden

ci

nschappelijke
en

Goethe
4
gemeenschappelijke
vrienden

nschappelijke
en

Marx
2
gemeenschappelijke
vrienden

HOOFDSTUK 5

SUCCES HEEFT VELE VADERS

CREATIVITEIT. WAAR KOOP JE DAT TOCH? *De oude Romeinen en Grieken wisten het wel. Zij waren ervan overtuigd dat creativiteit niet zozeer samenhing met het individu, maar met goddelijke kracht uit het universum en geesten.*

Zo was bij de oude Grieken Apollo samen met zijn hulpgodinnen – de muzen – verantwoordelijk voor het bijstaan van kunstenaars en het brengen van bijzondere ideeën. Bovendien kon een 'daimoon' (demon) of 'genius' als spiritueel wezen tussen mens en het godenrijk bemiddelen. Eenvoudig gezegd: je had 'de geest' of je had hem niet. Na de middeleeuwen, toen de mens als individu steeds meer centraal kwam te staan, verdween dit soort verhalen naar de achtergrond. De kunstenaar werd nu zelf verantwoordelijk gehouden voor zijn prestatie. Met alle voor- en nadelen (lees: eer en risico's) van dien, want... 'je bent zo goed als je laatste werk.'

Met de verregaande ontwikkeling van internet steekt het idee achter die oude verhalen stiekem weer een beetje de kop op, want bij creatieve producties gaat het weer minder over het individu en juist meer over het gebruik van elkaar, oftewel: de geest van het collectief. We delen ervaringen, informatie en kennis op talloze – vaak digitale – plekken en gebruiken elkaar bij het vindbaar maken van websites, zoals zoekmachine Google. Waar samenwerken vroeger een tijdrovende aangelegenheid was en op grote schaal moeilijk realiseerbaar, is het nu dankzij de digitalisering makkelijk en toegankelijk voor iedereen. Wereldwijd. Dus waarom zou je in je uppie, en keer op keer opnieuw, het wiel willen uitvinden als het samen kan? Samenwerken is het nieuwe sleutelwoord, de kern van co-creatie.

DE CLOUD

Werken in de cloud (letterlijk: 'wolk') staat voor het gezamenlijk delen en gebruiken van hardware, software en gegevens via internet. De gebruiker hoeft zelf geen eigenaar te zijn van dat wat wordt gebruikt en bespaart zo aanschafkosten. In feite is het vergelijkbaar met het doorgeven van gas, water en in licht in een huishouden.

WAT IS CO-CREATIE?

Co-creatie maakt gebruik van de kennis, wijsheid en creativiteit van een grote groep mensen. *Working in the cloud*, *crowdsourcing* en *crowdsurfing* (letterlijk: de menigte als bron gebruiken) zijn andere termen en uitdrukkingen die we in dit verband vaak gebruiken. Ze staan voor het gebruikmaken of inzetten van een grote groep mensen (vrijwilligers, professionals, geïnteresseerden) voor research, innovatie en ontwikkeling van producten of diensten. Meestal worden de begrippen genoemd in de context van internet, waarbij een belangrijke rol is weggelegd voor sociale netwerken als Facebook en Twitter, hoewel dat geen voorwaarde is. De kracht van het idee is om mensen direct te betrekken bij ontwikkelingen van organisaties, zodat veel mensen bereid zijn mee te helpen om een probleem of vraagstuk op te lossen.

LOKALE JOURNALISTIEK IN EEN NIEUW JASJE

Via Patch.com kun je nieuws en informatie over je eigen omgeving vinden én zelf input leveren. Professionele mediamakers (gefinancierd door AOL) begeleiden journalistieke communities die verhalen, foto's en video's van mensen en hun eigen stad of deelgebied verzamelen: *de patch.* Het doel is om de kwaliteit van leven in de betrokken – en landelijk vaak onderbelichte – regio's te verbeteren door middel van betrouwbare informatie. Enthousiastelingen kunnen verhalen en beeldmateriaal aanleveren, maar ook commentaar geven, evenementen onder de aandacht te brengen of vrijwilligers werven voor een project. Inmiddels zijn ruim zeshonderd sites actief.

Een bekend voorbeeld is Innocentive.com, een soort marktplaats van problemen en oplossingen uit de industrie. Tienduizenden wetenschappers kunnen hier een probleem uitzoeken dat ze tegen betaling oplossen voor een bedrijf. Een interessante en effectieve manier om met onder andere expertise en ervaring van ouderen om te gaan. In Amerika verdienen wetenschappers op zolderlaboratoria een leuk zakcentje bij. Een ander treffend voorbeeld is Boeing. Wetenschappers Don Tapscott en Anthony D. Williams onderzochten in hun boek *Wikinomics* hoe de vliegtuigbouwer, als gevolg van de digitalisering, op bijzondere wijze de klassieke werkmethode aanpaste. Vroeger beschreef het bedrijf in een drieduizend pagina's tellende handleiding exact welke onderdelen geleverd moesten worden, waaraan elk onderdeel moest voldoen en wat het maximaal mocht kosten. Het productieproces was tot in detail uitgewerkt. In feite was het vliegtuig al gebouwd voor de daadwerkelijke productie begon. Ruimte voor nieuwe ideeën was er niet. Wie een nieuwe ontwikkeling signaleerde, moest maar geduldig tot het volgende vliegtuig wachten voordat je daar überhaupt gebruik van kon maken. Maar ineens kreeg Boeing 'de geest': het boekwerk verdween in de prullenbak en maakte plaats voor een handleiding van slechts een tiental bladzijden met een globale beschrijving van het gewenste vliegtuig. Vervolgens mochten gespecialiseerde bedrijven – de ultieme kennisbron – intekenen met hun ideeën en producten. Dit deden ze bij voorkeur in overleg met andere professionele partijen, waardoor de keten zichzelf organiseerde. Uiteindelijk maakten die samenwerkingsverbanden halffabricaten die alleen nog maar aan andere onderdelen moesten worden gekoppeld. In dit aangepaste werkmodel was juist alle ruimte voor nieuwe inzichten en ontwikkelingen. Alle bedrijven werden voor een stukje eigenaar van het 'Boeing-bouwpakket' en hadden er belang bij het toestel zo goed mogelijk in de lucht te houden. De vliegmachine wordt nu gebouwd door een netwerk van gespecialiseerde bedrijven onder aanvoering van een initiator/regisseur. En dat is Boeing. Co-creatie is meer dan alleen bijdragen een productieproces. Het gaat over een andere manier van samenwerken, waarbij een grote groep mensen elkaar inspireert en zo tot nieuwe inzichten komt. Dat vraagt om een andere benadering van creativiteit.

Het is leuk om dit beeld toe te passen op media. Hoe kunnen we de deur openzetten om mensen echt te laten bijdragen? Het eerste experiment in 2009 om het publiek te laten meedenken over de programmering van televisiezender Nederland 3 was een succes en creëerde aantoonbaar een grotere betrokkenheid van deelnemers (98% gaf zelf letterlijk aan betrokken te willen blijven). Bovendien leverde het veel bruikbare suggesties op om de beoordeelde programma's te verbeteren. En dat gold later ook voor nieuwe experimenten, zoals de eerste kijkerspitch in 2010. Meer dan 1500 mensen stuurden een idee in voor een nieuw televisieprogramma. Ellen van Dijk won met haar nieuwe vriendinnen uit het Brabantse Deurne de hoofdprijs; een eigen pilot op televisie.

De chemische fabriek 3M, onder andere gespecialiseerd in lijm, speurde naar een specifieke toepassing om twee kunststoffen met elkaar te verbinden. Toen de afdeling R&D geen oplossing vond, doorbrak één teamlid de code van het bedrijf; hij besprak het probleem buiten de vier muren van 3M. Zodra hij het vraagstuk aankaartte in zijn sociale netwerk, vond hij binnen *no time* een oplossing. Inmiddels is co-creatie een vast onderdeel van het bedrijf.

EXTERNE KRACHT

Bij co-creatie gaat het om het samenbrengen van in- en externe inzichten. En juist door het binnenhalen van minder voor de hand liggende externe ideeën vergroot je de kans om echt innovatief te zijn. Volgens sommigen is innovatie een vak dat je aan deskundigen moet overlaten. Maar creatie is niet alleen meer voorbehouden aan een kleine groep specialisten in een afgesloten ruimte, iedereen mag als co-creator meedoen. Weer anderen noemen innoveren een vorm van toeval, maar dan wel het soort

toeval waarvan Louis Pasteur na de ontdekking van penicilline zei: "Het toeval treft alleen hen die zijn voorbereid."
Toen hij in het open raam schimmel zag op zijn kweekjes wist hij dat het iets betekende. Een ander had misschien vol walging zijn neus opgehaald en het beschimmelde bakje weggegooid. In dat geval zou een keelontsteking voor veel wereldburgers nu nog steeds fatale gevolgen hebben.

Nog een voordeel van het aantrekken van mensen buiten de organisatie is dat zij meestal minder last hebben van faalangst en niet worden gehinderd door de druk van succes of mislukking. *Je bent zo goed als je laatste product*, weet je nog? Hun drijfveer bestaat enkel en alleen uit plezier in hun werk of een bepaalde passie. Zo zijn zij als 'wilde ganzen' in staat om met onverwachte ideeën te komen...

WILDE GANZEN

Experts in creatief denken weten inmiddels dat je creativiteit kunt aanleren en dat het alles te maken heeft met het doorbreken van vaste denkpatronen. Er zijn talloze technieken ontwikkeld die het creatieve denken stimuleren, vaak gepaard met het advies om mensen van buiten te betrekken. In creatieve sessies noemen we die dan 'wilde ganzen.' Mensen die niet vastzitten in geijkte denkpatronen. Wilde ganzen zijn onschuldig, eigenzinnig en volledig vrij.

EUREKA!

Het Griekse woord Eureka betekent: "Ik heb het gevonden!"
We kennen de uitroep van
Archimedes, de meetkundige
die dolgelukkig en poedelnaakt
door de straten van de Italiaanse
havenstad Syracuse holde en
"Heureka!" schreeuwde. Niet
voor niets. Want vlak daarvoor ontdekte hij waarom hij
in bad minder leek te wegen
dan buiten zijn bad, oftewel de
wet over opwaartse stuwkracht
die wij sindsdien de Wet van
Archimedes noemen.

SUCCES HEEFT VELE VADERS

Nu we meer met elkaar kunnen delen en creëren kent
succes in toenemende mate vele vaders. Facebook is niet
zoveel zonder haar gebruikers. Op YouTube zonder filmpjes
ben je ook zo uitgekeken. Het radioprogramma Stand.nl
zonder bellers of een consumenten community zonder boze
consumenten is ook geen lang leven beschoren. Dankzij
de digitalisering is samenwerken tussen mensen, tussen

platforms, tussen verhalen iets vanzelfsprekends geworden. Communicatie wordt steeds meer een houding en een deel van die houding weerspiegelt zich in de keuze van je media. De media zelf zijn intussen onderdeel van je boodschap. Het veelgeroemde 'Eureka-moment' gaf veel mensen het idee dat creatie gekoppeld is een bepaald moment en aan een bepaald persoon. Dat slechts één iemand verantwoordelijk is voor een geniale vinding, terwijl dat in strijd is met hoe de meeste creatieve processen in werkelijkheid verlopen. Want, ongemerkt of niet, aan alle oplossingen en nieuwe ideeën gaat vaak een periode van indrukken, denkwerk, experimenteren en inzichten van vele anderen vooraf. En dat geldt voor alle creatieve presentaties. Ook Archimedes baseerde zijn theorie op zijn eigen bevindingen én informatie van anderen. In de televisiewereld komt het dan ook regelmatig voor dat eenzelfde idee op meerdere plaatsen tegelijk wordt bedacht. Niet zo verwonderlijk ook als je bedenkt dat veel mensen dezelfde inspiratiebronnen gebruiken.

GEBUNDELDE KRACHTEN

Wikipedia en Flickr zijn bekende voorbeelden van co-creatie. Minder bekend is *Scorecard.org* waarin de Indiase overheid en publiek samenwerken om te laten zien hoe vervuild je directe omgeving is. Als reactie op de ramp in het Indiase Bhopal werd een wet aangenomen die chemische bedrijven dwong om over zo'n 280 gevaarlijke stoffen te rap-porteren. De overheid verzamelde de cijfers in een database die wordt ontsloten via Scorecard.org. Toets een postcode in en met één druk op de knop kun je zien hoe vervuild dat gebied is en wie de grootste vervuiler in de buurt is. Toch in-teressant om even te checken voor je gaat verhuizen... Een ander aardig voorbeeld van co-creatie vind ik de goudmijn Goldcorp inc. van Rob McEwen uit de omgeving van To-ronto. Rekenmethoden en ingewikkelde data van McEwens werknemers wezen uit dat deze Red Lake-mijn was uitgeput; het goud was op. McEwen liet het er niet bij zitten en riep met de Goldcorp Challenge het publiek op om aan de hand van zijn datamateriaal, dat online beschikbaar was, aan te geven waar volgens hen goud zou moeten liggen. De meest overtuigende schattingen konden rekenen op een ver-goeding van honderdduizenden dollars. Wetenschappers, wiskundigen en consultants reageerden massaal. Niet lang daarna was de mijn weer winstgevend en de aandelen in waarde vertienvoudigd. Waar gebundelde krachten niet toe kunnen leiden...

Ook de mountainbike is een vinding van vele fietsliefhebbers die een alternatief zochten voor de kwetsbare racefiets en de zware, klassieke fiets. In de gamewereld is het begrip co-creatie inmiddels gemeengoed; veel spellen worden al samen met gebruikers ontwikkeld. Rapmuziek ontstond toen Amerikaanse jongeren op straat de muzikale koppen bij elkaar staken. En zelfs in het theater werken cabaretiers als Jochem Myjer en Guido Weijers via hun sociale netwerken samen met het publiek. Zij betrekken hun volgers actief bij het ontwikkelen van een nieuw programma.

Op televisievlak vragen programma's kijkers intussen ook om mee te helpen met research, zoals het programma *Lola zoekt Brood*, waarvoor de dochter van Herman Brood een oproep deed via YouTube om met onbekende verhalen te komen over haar vader. Of redacteuren van het *Journaal* die kijkers vragen mee te sparren over de invulling van een onderwerp. Of de BBC, die voor *The virtual revolution*, een documentaire over twintig jaar internet, het publiek vooraf uitnodigde mee te denken en bij te dragen aan de inhoud en montage van het programma. Kortom, co-creatie gaat dus over het collectief ontwikkelen van producten en diensten vanaf het eerste idee, tot aan het meedenken over specifieke details of inbreng op onderdelen.

LEGO

Lego is een mooi voorbeeld van een traditioneel bedrijf dat het voordeel van co-creatie met lef oppakte en het structureel inbedde in de organisatie. Inmiddels heeft Lego een community opgebouwd met miljoenen leden met bijvoorbeeld kunstenaars die hun inkomen halen uit kunstprojecten met legostenen. Mensen kunnen hun eigen ontwerp insturen waaruit Lego de mooiste creaties filtert en in productie neemt. Het online magazine Brick Journal, geschreven door vrijwilligers, wordt door duizenden mensen gelezen.

"I DON'T KNOW EXACTLY WHERE IDEAS COME FROM. IT'S JUST A MATTER OF US FIGURING OUT HOW TO RECEIVE THE IDEAS WAITING TO BE HEARD"

– Jim Henson –

NIEUWE... OF OUDE WIJN IN NIEUWE ZAKKEN?

Co-creatie is zo oud als de weg naar Rome. Wat het nieuw en anders maakt is de snelheid en omvang van internet, waardoor kennis overal en voor iedereen beschikbaar is en mogelijk maakt om in korte tijd een grote groep mensen bij een oplossing te betrekken. Met alle voordelen van dien: meer verscheidenheid aan ideeën en inzichten, een grote(re) kans op baanbrekende gedachten, meer betrokkenheid en – mits slim aangepakt – meer aandacht voor je bedrijf, project of vraagstuk. Zodra je iemand vraagt een bijdrage te leveren, groeit de betrokkenheid en zal hij of zij het resultaat sterker waarderen en erover vertellen aan anderen. Ofwel: je creëert een relatie en zorgt ervoor dat mensen over je praten. Klassiek geval van een win-win-situatie.

En hoe zit het met de nadelen? Sommige mensen vinden het juist een nadeel dat anderen kunnen meekijken. Dat informatie vrij gedeeld wordt met het risico van misbruik.

Maar mijn ervaring is dat ideeën, ook mijn eigen ideeën, uiteindelijk sterker worden als anderen ernaar kijken, zich erin verdiepen en daar hun eigen inbreng aan toevoegen. En ja, in het begin is dat soms even wennen. Het loslaten blijft de moeilijkste fase…

DE WET VAN HET GEVEN

In zijn boek 'De zeven spirituele wetten van succes' beschrijft Deepak Chopra het belang van geven. Dingen oppotten en voor jezelf houden zorgt voor stilstand en stagnatie. Het is dus belangrijk dat alles in beweging blijft. Ook in een relatie. Geven en nemen kan immers niet zonder elkaar. Hoe meer je geeft, hoe meer je zult ontvangen. Dus: 'geef anderen wat je zelf graag zou willen ontvangen'. Een vlieger die ook opgaat bij co-creatie.

CREATIEVE SAMENLEVING

Omdat het creëren van producten en diensten voor iedereen mogelijk is, wordt nu vaker gesproken over de creatieve of een creërende samenleving, waarbij het delen van kennis en inzichten in het gemeenschappelijk belang sterker is dan ze af te schermen voor anderen. Waarom zou je ook? Het merendeel van informatie is inmiddels voor iedereen te vinden. Door ideeën deels weg te geven, geef je anderen de kans die weer te verrijken, wat uiteindelijk voordelen oplevert voor iedereen.

Een schoolvoorbeeld als Wikipedia toont dat er een groot

zelfregelend vermogen kan ontstaan, zodra mensen een initiatief echt omarmen. Iedereen kan voor zichzelf beslissen hoe daarmee om te gaan. Het kan per project verschillen hoe je het wilt organiseren en welke mate van aansturing en begeleiding gewenst is. Co-creatie is niet beperkt tot één vaste vorm of formule.

"CREATIVITEIT? Dat zit niet bij ons in de familie!"
– Anoniem –

BELANGRIJKE REGELS BIJ CO-CREATIE:

1. Inspireer mensen eerst zelf om te participeren.
2. Wees duidelijk in wat je wilt bereiken: wat is de vraag of het probleem?
3. Verbind een aantal goede mensen of experts die meedenken.
4. Maak het mogelijk voor anderen om te participeren.
5. Hiërarchie is van ondergeschikt belang: behandel iedereen gelijkwaardig, elke bijdrage is belangrijk.
6. Mislukkingen, weerstand en kritiek *are part of the game*; ervaar het als waardevolle feedback.
7. Wees transparant en geef ook inzichten, kennis en resultaten terug aan anderen.
8. Deel hoe je tot de oplossing bent gekomen.
9. Heb een lange adem; co-creatie werkt op de langere termijn, het proces heeft tijd nodig.

DE 1%-REGEL

Uit de de analyse van Wikipedia-gebruikers blijkt dat 50% van de bijdragen door 1% van de gebruikers wordt geleverd. Daarnaast doet 9% van de gebruikers ook actief mee. Het merendeel van de mensen komt dus vooral langs om te kijken wat anderen bijdragen. Is het dan de moeite waard om in co-creatie te investeren? Ja. Bedenk dat 1% van heel veel nog steeds erg veel is. En zorg dat je in contact komt met die 1%. Waarschijnlijk zullen er meer gaan volgen...

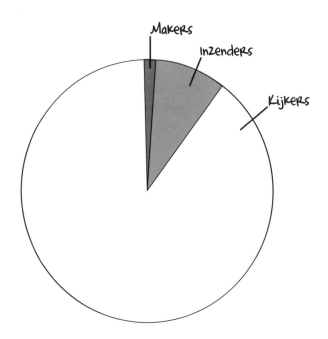

VERHALEN DIE VERBINDEN

TWEE ZEER AANTREKKELIJKE VROUWEN *wonen al hun leven lang samen in een huis. De een heet Waarheid, de ander Verhaal. Op een dag krijgen ze een flinke discussie over de vraag: 'Wie van ons twee is de mooiste?' Ze sluiten een weddenschap en spreken af om de beurt door het dorp te wandelen en de reacties van mensen te toetsen. Waarheid gaat als eerste. Veel mensen draaien zich snel om en hollen terug naar binnen als ze voorbijkomt. In no time lijkt de straat nagenoeg uitgestorven. Hoe kan ze deze weddenschap nog winnen? En dus besluit ze voor de terugweg haar kleren uit te trekken en spiernaakt naar huis te lopen, in de hoop mensen te verleiden om alsnog tevoorschijn te komen. Maar het omgekeerde is het geval. Ook de laatste mensen vluchten weg, sommigen sluiten zelfs hun ramen. Als Waarheid thuiskomt, vertelt ze Verhaal hoe het ging: "Geloof het of niet, maar er was niemand op straat." Dan is Verhaal aan de beurt. Terwijl ze langs de huizen loopt, komen steeds meer mensen naar buiten. Ze volgen haar en knopen gesprekjes aan. Wanneer ze thuis aankomt, is het hele dorp samengekomen op het plein. Waarheid ziet in dat ze de weddenschap heeft verloren en zegt: "Jij hebt gewonnen. Ik moet toegeven dat het Verhaal sterker is dan de Waarheid." Dan legt Verhaal uit: "Het gaat er niet om dat het Verhaal sterker is dan de Waarheid, maar mensen horen de Waarheid liever niet. Zeker niet als hen de naakte Waarheid wordt verteld. Dan is een Verhaal nodig om het te kunnen horen."*

Dit is een oud Joods verhaal waarvan de bron onbekend is. Het raakte mij omdat het treffend beschrijft waarom verhalen nodig zijn.

DE KRACHT VAN VERHALEN

Het hele leven bestaat uit verhalen; ze zijn overal en van iedereen. Wie terugkijkt in de geschiedenis ziet dat het vooral verhalen zijn die de wereld veranderden. Of het nu gaat om het verhaal van Mohammed of Jezus. Van Obama of Poetin. Van Coca Cola of Pepsi, of Bill Gates en Steve Jobs. Deze namen passen in een groter plaatje, maar ook op nationale schaal gaat het over verhalen. Rutte en Wilders. Wesley en Yolanthe. FC Twente en Ajax. En op lokaal niveau: een wethouder die privéreisjes declareert, een verkeersongeluk op een onveilig kruispunt. Bovendien staat elk individu bol van zijn eigen levensverhalen. Het zijn verhalen die mensen met elkaar in contact brengen, een gesprek wat op zijn beurt weer de impact van een verhaal bepaalt. Praten we er lang over na, dan houdt het ons bezig. Omdat we graag verhalen doorvertellen. En zelf ook onderdeel willen zijn van een verhaal.

EEN GOED VERHAAL

Wat zijn de voor de hand liggende kenmerken van een goed verhaal? Daarover zijn al boeken volgeschreven. Dat het een 'begin-midden-eind' heeft, een aantal karakters en sequenties kent en de voortgang van gebeurtenissen beschrijft. Tot zover helder. Verhalen verbinden gebeurtenissen en handelingen, plaatsen ze in de tijd en geven er betekenis aan. Maar in de kern is een verhaal vooral emotie. En dat kun je vertalen naar een journalistieke reportage, een dramaserie, het format van een spelshow, een documentaire of een PR-campagne. Zo ontving ik, een dag voordat mijn nieuwe horloge werd geleverd, een boekje met de familiegeschiedenis van het horlogebedrijf. Toegegeven, dat zorgde een dag later voor een compleet ander gevoel bij het openen van het doosje. Kortom, alles is een verhaal.

Jarenlang waren radio, televisie en kranten verantwoordelijk voor het op grote schaal verspreiden van onze verhalen. Via internet is daar een nieuwe vorm van verhalen vertellen bijgekomen. Een vorm die aanvullend kan werken en de kracht van vertelde verhalen kan versterken. Of een alternatief verhaal kan doorgeven. Twitter geeft in Iran en de Arabische wereld uitzicht op waarheden waarvan we het bestaan aanvankelijk alleen konden vermoeden, Wikileaks op wat we maar moeilijk kunnen geloven. Maar beiden verspreiden een niet te stoppen verhaal. Daarnaast worden op YouTube dagelijks duizenden kleine en grote verhalen toegevoegd die inmiddels miljoenen mensen weten te boeien.

Binnen ons publieke bestel mogen omroepen hun verhaal vertellen als ze 50.000 betalende leden hebben. De nieuwe omroep PowNed had het ledenaantal binnen de kortste keren rond, omdat de website GeenStijl een veelvoud aan volgers had verzameld. Met een onderscheidend verhaal. 'Bovenop het nieuws, maar hard, brutaal, kritisch en met humor.' Ik maakte van dichtbij mee hoe PowNed zichzelf met het programma PowNews 'uitvond' op televisie. Want hoe vertaal je het verhaal van het blog GeenStijl naar een heel ander medium? PowNed deed dit door in nauwe samenspraak met hun 'reaguurders' proefuitzendingen op internet te ontwikkelen. Vervolgens namen 120.000 mensen deel aan het eerste experiment en gaven daarop hun ongezouten kritiek. Zij zijn allemaal onderdeel van het verhaal van PowNed.

OUDE TRANSMEDIA-VERHALEN

De Griekse en Romeinse geschiedenis leverde talrijke verhalen op over goden, halfgoden en 'gewone' mensen. Verhalen worden al eeuwenlang bewerkt tot nieuwe verhalen en verhaallijnen, verwerkt in liederen, beeldende kunst, theatervoorstellingen en andere kunstzinnige uitingen. Klassieke voorbeelden van hoe je hetzelfde verhaal kunt blijven vertellen op verschillende platforms en op diverse manieren. De Rooms-katholieke kerk bouwde met haar verhalen en beelden eenzelfde sterke traditie op.

VERSCHILLENDE PLATFORMS

Aan het begin van de nieuwe mediaopmars spraken we al snel over multimedialiteit. Daarmee bedoelden we dat eenzelfde programma op verschillende platforms te zien was. De kijker besliste wanneer hij wilde kijken, maar de uitzending was verder onveranderd, zij het soms aangevuld met een forum of de mogelijkheid om te stemmen.

Toen deed crossmedialiteit haar intrede; we gebruikten de unieke eigenschappen van de verschillende platforms op zo'n manier dat het tv-programma beter bekeken en beleefd kon worden. Met andere woorden: wij, mediamakers, boden aanvullende content en voegden interactiviteit via internet toe.

Inmiddels leven we in een tijd van transmedialiteit, door sommigen bestempeld als de 'volwassen vorm van crossmedialiteit', een definitie die overeenkomt met die van Harry Jenkins (zie kader pag. 109). Na de nodige gesprekken concludeer ik het volgende als het gaat om tv-programma's: transmedialiteit betekent dat hetzelfde verhaal wordt verteld in verschillende vormen, op verschillende platforms, met een 24-uursbeleving als uitgangspunt. In elke bouwsteen zit duidelijk herkenbaar DNA van het vertelde verhaal. Bovendien kan het ook, buiten de bedenkers om, door verschillende mensen worden verteld. Dus ook door het publiek. Niet het tv-programma an sich, maar de 24-uursbeleving vormt de kern van het concept.

Hoewel *The voice of Holland* crossmediaal van opzet

is, kunnen de vele reacties, het Twitter-geweld van de kandidaten, de interviews met finalisten in bladen en radioprogramma's, een eigen magazine en bijbehorende concerten het complete concept tot een transmediale ervaring maken. Je kunt namelijk los van het programma op zoek gaan naar meer informatie, zonder dat die vooropgezet is aangeleverd door de bedenker van het programma.

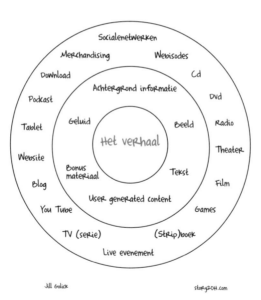

Transmedia Storytelling

TRANSMEDIA STORYTELLING

Harry Jenkins, de bedenker van het begrip, omschrijft transmedia storytelling als volgt: 'Een transmediaal verhaal ontvouwt zich op meerdere
platforms, waarbij elk onderdeel een onderscheidende en waardevolle
bijdrage aan het geheel levert. In de ideale vorm van transmedia storytelling
doet elk medium waar het 't beste in is.'

Transmedia storytelling gaat niet zozeer over een nieuw
medium. Het is een samenvoeging van media, netwerken,
platforms en nieuw mediagedrag. Wel verandert het de
manier van verhalen vertellen. Het speelt in op nieuwe
mogelijkheden van de *connected culture*: media zijn altijd
en overal beschikbaar en makkelijk opnieuw te gebruiken.
Met een steeds groter wordende rol voor sociale netwerken
en publiek dat openstaat voor ander mediagedrag. Het gaat
over een nieuwe generatie mediamakers en -gebruikers die
weet hoe hiermee om te gaan. De vraag is dus hoe je bij
het vertellen van verhalen de nieuwe mogelijkheden zo
creatief mogelijk inzet om mensen meer te betrekken en ook
betrokken te houden.

"TELL ME AND I FORGET, TEACH ME AND I REMEMBER, INVOLVE ME AND I LEARN"

– Benjamin Franklin –

TRANSMEDIA OF *TRANCE*MEDIA?

Op de middelbare school was ik gezegend met een geweldige geschiedenisleraar. Een man die er hoogstpersoonlijk voor zorgde dat ik het vak leuk vond en waardeerde. Vanaf de eerste minuut van de les voerde hij ons mee in verhalen van het verleden. Hij gooide zijn jasje uit, schudde zijn schouders los, keek even rond of hij alle aandacht had en stak dan van wal met elke week weer een pakkende openingszin. Wat volgde was het ene beeldende verhaal na het andere, terwijl wij met open mond naar hem luisterden. Urenlang. Muisstil.

Een goed verteld verhaal brengt je heel even in een andere wereld, in een andere staat van bewustzijn. Bedreven verhalenvertellers hebben dan ook oog voor de vele aspecten die nodig zijn om mensen als het ware in 'trance' te brengen. Zo moet de ontvanger zich comfortabel en betrokken voelen, zich kunnen identificeren met het vertelde. De omgeving moet kloppen, evenals de stijl van de verteller; de klank van zijn stem, het ritme, de ervaring, zijn lichaamstaal. En dan nog de kracht van het verhaal zelf. Is het onderscheidend genoeg? Welke woorden vallen op? Bevat het voldoende bloemrijke voorbeelden? Wat is de kwaliteit van de dialogen? En: is er ruimte voor een vleugje humor?

Een sterk en goed gebracht verhaal kan voor een groep bindend werken. Hoe beter het verhaal tot de verbeelding spreekt, hoe beter mensen zich kunnen inleven, hoe groter de kans dat mensen samen in het verhaal opgaan en het uitmondt in een gezamenlijke ervaring. Daarnaast gaat het bij transmedia storytelling ook om de kunst onderwerpen of verhalen te brengen door bewust gebruik te maken van andere, aanvullende platforms. Met als doel de ervaring nog grootser te maken. Denk aan televisie, radio, internet, print, mobiel, games, evenementen en andere producten. Elk deel van het verhaal is uniek en speelt in op de sterke punten van een platform of medium. Ook het publiek wordt uitgenodigd om deel te nemen en kan daarmee soms zelf het verhaal beïnvloeden. Belangrijk hierbij: een echt transmediaal concept wordt niet achteraf, maar van begin af aan transmediaal opgezet. Eerst een verhaal bedenken en optuigen, daarna kijken hoe de verschillende platforms en onderdelen gebruikt kunnen worden om het verhaal te verrijken. Bijvoorbeeld met achtergronden van de belangrijkste karakters, aanvullende verhalen, geinige games of interactiemogelijkheden met de makers. Een mooie vergelijking is het samenspel van instrumenten en muzikanten in een orkest. Het muzikale geheel is overduidelijk meer dan de optelsom van de afzonderlijke delen. De kunst is om mensen de mogelijkheid te geven om zelf te participeren en bij te dragen. Met behulp van de platforms waarvan mensen graag onderdeel zijn. Van een lineair verteld verhaal naar verhalen met veel interactiviteit.

EEN GOED VERHAAL…
IS AUTHENTIEK,
CREATIEF, ZORGT
VOOR EMOTIONELE
VERBINDING, ZET AAN
TOT ACTIE EN NEEMT
JE MEE OP REIS

PARTICIPATIEDRAMA

The truth about Marika (Zweedse televisie SVT, 2007) werd aangekondigd als 'participatiedrama' en maakte gebruik van televisie, radio, internet, mobiele telefoons en mensen op straat. Vooraf werden kijkers van de dramaserie online door een jonge vrouw gevraagd op zoek te gaan naar haar vermiste vriend. Vervolgens werden de ontwikkelingen van de opsporing wekelijks live besproken in een talkshow op televisie.

CONSPIRACY FOR GOOD

In het voorjaar van 2010 lanceerde Nokia *Conspiracy for Good*, deze social reality-game werd aangekondigd als 'Social Benefit Storytelling'. Het verhaal over verdwenen geld voor een bibliotheek in een ontwikkelingsproject voor Afrika trok online duizenden deelnemers en real-life-spelers in Londen. Door deelname aan het fictieve verhaal leverden de spelers een bijdrage aan goede doelen. Het verhaal begon met online games en sms-berichten. Na drie maanden verplaatste het verhaal zich naar de straten van Londen waar spelers verder konden deelnemen. Het eindresultaat leverde vijf nieuwe bibliotheken en vijftig beurzen voor studenten op en ook nog eens meer dan 10.000 boeken voor bibliotheken in Zambia.

SERIOUS REQUEST

Het begon als een actie van 3FM-dj's voor het Rode Kruis: een week geld ophalen door het draaien van verzoeknummers in een glazen huis, zonder te eten. Inmiddels zijn alle mogelijke platforms bij dit project betrokken. Naast radio en tv-uitzendingen is er een internetveiling en wordt fanatiek gebruikgemaakt van sociale netwerken.

THE TRUTH ABOUT CRIME

In de documentaire *The truth about crime* (BB1, 2009) worden twee weken lang politie en hulpdiensten gevolgd in de stad Oxford, met als doel om zo gedetailleerd mogelijk alle vormen van misdaad in kaart te brengen. Ook het publiek wordt opgeroepen om mee te doen en hun persoonlijke ervaringen bij te dragen. Naast een indrukwekkende documentaire levert het project een 'crime-audit' op met een interactieve plattegrond van Oxford die een duidelijk beeld schetst van de dagelijkse criminaliteit. Daarbij is het mogelijk om op een locatie in te zoomen en alle data in je persoonlijke omgeving te bekijken. Met als bonus mogelijke deelname aan misdaadpreventieworkshops.

LOST

Een goed voorbeeld van transmedia storytelling is *Lost*, de dramaserie van ABC over de overlevenden van een vliegtuigongeluk. Het eiland waar de passagiers terechtkomen is een mysterie. Zelfs voor de die hard fan is het verhaal een speurtocht. Op internet leeft *Lost* een eigen leven via 'fictieve' websites van bedrijven en personages die in de serie een rol spelen. Er verschijnt een autobiografisch boek over een van de fictieve personages en meerdere computerspellen. Elk verhaal is een stukje van de puzzel. In Amerika duiken zelfs in real life billboards op met reclames van bedrijven uit de serie! *Lost* is niet zomaar een uurtje televisiekijken, voor velen is het een complete dagtaak. En voor wie onverhoopt toch een aflevering mist, geen man overboord: fans creëren op Wikipedia een eigen *Lostpedia*, The Lost Encyclopedia met alle cruciale feiten, suggesties, raadsels en gebeurtenissen per aflevering.

"GA DAARHEEN WAAR HET PUBLIEK IS!"

THE HAPPINESS FACTORY

Coca Cola introduceerde in 2007 de campagne 'The Happiness Factory.' Op televisie verscheen een bejubelde commercial waarin de wereld vol bijzondere wezens in een Coca-Cola-automaat in beeld werd gebracht. Op internet werd een nieuwe interactieve site toegevoegd en daarbij werd het populaire nummer 'Open Happiness' op cd uitgebracht.

WAAR KUN JE OP LETTEN BIJ HET NEERZETTEN VAN EEN GOED VERHAAL:

1. Wat is je verhaal? Daar begint alles mee.
2. Ga uit van je passie en geloof erin.
3. Wie is je publiek? Wat boeit ze? Verplaats je daarin.
4. Ga zelf de conversatie aan en neem daar ook de tijd voor.
5. Vertrouwen is het uitgangspunt.
6. Probeer fans te creëren (en waardeer dat ook).
7. Welke platforms kun je dan het beste gebruiken?
8. Zijn partnerships met anderen nodig?
9. Wees duidelijk in je verhaal.
10. Probeer geen controle uit te oefenen. Dat werkt niet.
11. Zorg ervoor dat de onderdelen elkaar versterken.
12. Realiseer je dat alle onderdelen even belangrijk zijn.
13. En dat de details overal moeten kloppen.
14. Check: kunnen mensen via elk platform instappen?
15. Voorkom onnodige verwarring. Zoals altijd:
    'Story is King. Keep it simple.'

DE TOVERLANTAARN

Dit jaar kreeg ik van mijn vader deze toverlantaarn; een soort diaprojector waarmee vroeger handbeschilderde glazen plaatjes op een doek werden geprojecteerd. In feite dus de grote voorloper van film, televisie en de huidige transmediaverhalen. Dit exemplaar stamt uit het jaar 1930, maar niemand weet precies wanneer en door wie de het 'mediamiddel' is uitgevonden. De toverlantaarn werd vooral ingezet op kermissen, jaarmarkten en in kroegen, zowel voor spannende verhalen 'ter lering' (de wonderen van de schepping) als 'ter vermaak' (met geesten, spoken en special effects). Zo gebruikte een priester de toverlantaarn om op de muren van afvallige gelovigen een beeld van de dood te projecteren om ze weer tot inkeer te laten komen. De impact was groot. Zijn verhaal – en vooral zijn betoverende beeld – zorgde weer voor volle kerkzalen.

In de 18e eeuw nam het gebruik van spectaculaire effecten steeds meer toe met rookwolken, flitslichten en harde geluiden. Soms werden per voorstelling zelfs meer dan vijf projectoren tegelijk gebruikt. Een bekend verhaal is de windmolen in een Hollands landschap; de verhalenverteller vroeg de aanwezigen hard te blazen waarna – met behulp van een slimme techniek – de wieken langzaam gingen draaien. Met de komst van de bioscoop verdween de toverlantaarn uit het zicht. Sinds de introductie van de bewegende film werden de magische verhalenvertellers niet meer serieus genomen.

Behoort dit fenomeen daarmee definitief tot het verleden? Nee, want onze good old toverlantaarn zien we nu regelmatig terug in een nieuw jasje. Een voorbeeld daarvan is de Slideluck Potshow; een avondje dia's kijken, muziek luisteren en gezellig samen eten, een initiatief dat al in meer dan veertig steden ter wereld bestaat. *(Slideluckpotshow.com)*.

DE GEEST VAN HET COLLECTIEF

*"LOOK
IF YOU HAD
ONE SHOT
TO SIT ON YOUR LAZY BUTT
AND WATCH ALL THE TV YOU EVER WANTED
UNTIL YOUR BRAIN TURNED TO MUSH
WOULD YOU GO FOR IT?
OR JUST LET IT SLIP?
YO"*

- Weird Al Yankovic, artiest, parodist en televisieproducer -

Met deze rap doelt Weird Al duidelijk op onze passieve houding tijdens televisiekijken. Een houding die we aanduiden met een beeldende term als *couch potato*. Door de Van Dale vertaald als 'bankbintje' en door Wikipedia omschreven als 'een zittende leefstijl, weinig activiteit, met alle risico's van dien.' De term dateert uit het 1.0-tijdperk waarin televisie als massamedium centraal stond. Met de komst van internet en de toename van interactiemogelijkheden 'googleden' we onszelf fase 2.0 in: de mogelijkheid zelf informatie te kunnen opzoeken en één-op-één-relaties aan te gaan. Het 3.0-tijdperk gaat nog een stap verder. Dankzij de digitale ontwikkelingen zijn we voortdurend met elkaar in contact via allerlei sociale netwerkvarianten.

Hiermee ontstaat iets anders, namelijk een nieuw collectief bewustzijn.

BETERE WERELD

Het nieuwe bewustzijn wordt de afgelopen jaren ook door veel andere ontwikkelingen beïnvloed. Denk aan de financiële crisis, waarvan je de gevolgen dagelijks tegenkomt in het nieuws...

Of de klimaatsverandering en de samenhangende behoefte aan duurzaam denken en handelen...

De dreiging van angstwekkende epidemieën die zich steeds sneller en actiever verspreiden...

Het hoge tempo waarin de Aziatische markt zich ontwikkelt...

De moeite die het kost om de gestelde millenniumdoelen te halen...

Kortom, er bestaat een groeiend besef dat we moeten werken aan een betere wereld. Op grote schaal. Maar zeker ook op kleine schaal, in ons eigen leven. Crisis of kans?

IN CONTACT MET IEDEREEN

Als het consumentenprogramma *Kassa* een uitzending maakt over de (te) hoge mate van zout in ons eten, stromen de reacties op hun site binnen. "Ik begrijp de fabrikanten wel, het is een conserveringsmiddel en het kost niets. Dat mensen overlijden aan hartproblemen is hun zorg niet."

En ook op Twitter gaat het gesprek door: "In de supermarkt is een prima alternatief te koop onder de naam Lozout."

Het nieuwe bewustzijn gaat uit van samenwerking: niet *één op één* of *één op veel*, maar veel op veel. Omdat we voortdurend met elkaar in contact zijn, delen we ook onze mening en emoties. Over media die we gebruiken, over producten en diensten, kortom over alles wat ons dagelijks bezighoudt. En dus worden de missie, waarden en maatschappelijke verantwoordelijkheid van organisaties steeds belangrijker. Consumenten zullen je daar immers eerder en vaak ook collectief op aanspreken. Let maar eens op hoe vaak je woorden als *duurzaam, eerlijk, transparant* en *authentiek* tegenwoordig tegenkomt in hun mission statements.

PIRAMIDE VAN MASLOW

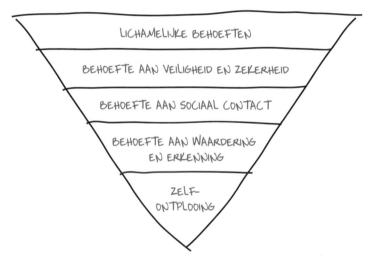

De piramide van Maslow wordt al jarenlang gebruikt om de behoefte van mensen in beeld te brengen. Volgens Maslow moeten mensen eerst aan lichamelijke behoeften voldoen alvorens we toekomen aan de andere, hogere behoeften. Dit idee stond aan de basis van het kapitalisme. Vlak voor zijn dood kwam Maslow tot een nieuw inzicht: de piramide moest juist andersom. Met als belangrijkste behoefte zelfontplooiing, de mogelijkheid om jezelf te kunnen ontwikkelen. En een grotere rol voor spiritualiteit en creativiteit. Hoe gaan we daarmee om?
Bron: Wikipedia.nl

SLIMME SOFTWARE

Doorslaggevend is dat techniek goedkoper en slimmer is geworden en bovendien voor iedereen, altijd en overal beschikbaar. Het is dus geen kunst meer om specialistische informatie op grote schaal te delen. Traditionele media raken dus letterlijk een deel van de controle kwijt en moeten wennen aan het feit dat ze steeds meer met het publiek moeten samenwerken. Luisteren. Anderen laten deelnemen. Van elkaar leren. Drie eigenschappen die voor media (en andere organisaties) in toenemende mate belangrijk worden. De afstand tussen mediamaker en mediagebruiker wordt kleiner, omdat iedereen kan meedoen. Als het gaat om mediagebruik is geen organisatie meer afhankelijk. Stuk voor stuk hebben ze de mogelijkheden voor televisie, radio en print in eigen huis. Ook een website is immers een kanaal dat 24 uur per dag uitzendt. En dus blijft het aantal uitzenders in het medialandschap groeien. Net als de vormen waarin televisie 'tot ons komt.' Langzaam maar zeker kruipen de mogelijkheden van internet en televisie steeds dichter tegen elkaar aan.

REGIE

Rigide organisaties die de volledige regie willen behouden, zullen het zwaar krijgen. Voor wie overtuigd blijft van de gedachte dat het beeld rond een organisatie volledig maakbaar is, kan elke openbare uiting van kritiek funest zijn. Met eenzijdig zenden redt niemand het meer; de tijd is gekomen om goed te luisteren naar wat mensen zeggen en je vervolgens te mengen in de discussie. Dat is de (enige) manier om het gewenste beeld van je organisatie te versterken. Communicatie in het nieuwe tijdperk is geen afdeling, maar een houding.

ANTICIPEREN

In het boek 'De zeester en de spin' van Brafman en Beckstorm kwam ik de *zeester* tegen als metafoor voor organisaties die zich anders gaan organiseren: zonder hoofd, maar wel met goed samenwerkende cellen; snijd je een poot af, dan groeit deze vanzelf weer aan. Bovendien kan de losse poot ook weer uitgroeien tot een nieuwe zeester. Oftewel: een organisme met een groot aanpassingsvermogen.

Totaal anders is de traditionele organisatie die veel meer gelijkenis vertoont met een *robot*. Handelingen worden hier enkel en alleen in gang gezet volgens vooraf vastgelegde afspraken en een vast patroon. Voor flexibiliteit is nagenoeg geen ruimte en zonder hoofd is er geen beweging meer in te krijgen.

ONDERSCHEIDEND ZIJN

De samenleving waarin mensen echt kunnen deelnemen en co-creëren noemen we ook wel een *creatieve samenleving*. Een van haar kenmerken is dat verlangens op het gebied van zingeving in toenemende mate belangrijker worden. Om mensen echt 'persoonlijk' aan te spreken is daarom veel meer nodig dan een lollige advertentietekst of een eenzijdige boodschap. De truc is om onderscheidend te zijn, in woorden, maar zeker ook in daden. Daarbij is het vertellen van echte, authentieke en integere verhalen essentieel. Zelf het goede voorbeeld geven door anderen te inspireren met aansprekende verhalen. Verhalen die, zoals Stephen Covey zegt in zijn boek 'De achtste eigenschap', hoofd, hart en ziel aanspreken. Verhalen die aanzetten tot verandering.

SOCIAL MARKETING

In de reclamewereld is goed zichtbaar hoe het begrip 'social marketing' (ooit geïntroduceerd door marketingexpert Philip Kotler) inmiddels een nieuwe invulling heeft gekregen. Oorspronkelijk was het bedoeld om marketingcampagnes voor sociale verandering te omschrijven. Bekende voorbeelden zijn de campagnes van stichting SIRE over anti-roken, echtscheiding en overgewicht. Maar nu zien we dat ook andere bedrijven, met als hoofddoel een commercieel product te verkopen, sociale marketing als middel gebruiken om de focus te verleggen van winstbejag naar bijvoorbeeld verantwoord ondernemen en samenwerken aan een betere wereld.

"WEES ZELF DE VERANDERING DIE JE IN DE WERELD WILT ZIEN"

– Gandhi –

• NIKES GREEN INITIATIVE

In 2009 kondigt Nike aan vooral
duurzame materialen te gebruiken in hun
producten. Onderdeel van de campagne
is 'Nike ReUse-A-Shoe program', waarbij
afgedragen sportschoenen van welk merk dan ook
worden veranderd in Nike Grind, materiaal dat wordt
gebruikt op sportvelden, speelplaatsen en zelfs in nieuwe producten,
zoals schoenen en kleding. Iedereen kan hieraan bijdragen door zijn
oude gympies in te leveren.

• SPREAD SOME SMILES

Op de homepage van tandpastamerk Colgate kun je niet om hun *smile-
project* heen. 'Voeg je eigen glimlach toe voor een betere wereld.' Je kunt
je eigen glimlach analyseren, delen via sociale netwerken, afdrukken op
e-card of bewerken tot de meest briljante smile óóit (en dan pas afdrukken
en delen☺).

SLIMME DEELNEMER

En de behoefte van de televisiekijker in het nieuwe tijdperk? Nou, de traditionele *couch potato* bestaat niet meer.
We hebben te maken met slimme, actieve en betrokken
mensen die in gesprek gaan, willen delen, een mogelijke
bron zijn, een mening hebben, dingen opmerken, een
marketeer kunnen zijn en co-creëren. Mensen met een
hoofd, een hart en een ziel: de slimme deelnemer.

DE DEELNEMENDE KIJKER

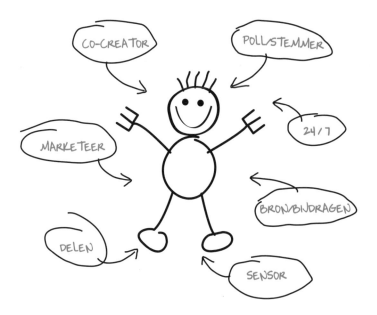

NIEUWE MEDIA-MAKERS

EEN OP HET EERSTE GEZICHT VERLEGEN, 18-jarige jongen komt mijn kamer binnen en stelt zich voor. Thomas, op zijn eigen YouTube-kanaal waar hij wekelijks filmpjes post ook wel bekend als Theaumes. Filmpjes die gemiddeld 40.000 views hebben en zo'n 2500 reacties per keer uitlokken. Niet onaardig... Thomas maakt de video's in zijn vrije tijd, terwijl hij zijn geld verdient bij Albert Heijn. Waarom meldt hij zich niet aan bij een hogeschool? Hij antwoordt resoluut, de verlegenheid verdwijnt als sneeuw voor de zon. Tijdens een gesprek bij de Film en Televisie Academie werd hem gevraagd wat hij wilde worden: cameraman, regisseur of producer? Met andere woorden: hij moest een keuze maken. Dat was voor Thomas geen optie: als een mediamaker alles tegelijk kan doen, waarom dan kiezen?

Het verhaal van Thomas is inmiddels geen uitzondering meer. Een groeiende groep mensen maakt mediaproducten die door steeds meer mensen worden bekeken. Het gaat nog een stap verder dan de *'deelnemende kijker'* en *'user-generated content'* (zie hoofdstuk 3) waarbij het vaak mensen betreft die niet de intentie hebben om voor een groot publiek te publiceren. Maar deze *'prosumers'* (een term van Marshall McLuhan en Barrington Nevitt die in het boek 'Take today' beschrijven hoe de grens tussen producenten en consumenten langzaam vervaagt) publiceren bewust content voor een grote groep mensen zonder dat het hun 'vak' is en zonder dat ze ervoor worden betaald.

VANUIT PASSIE

Relatief gezien is deze groep prosumers vrij klein. Echter, hun aantal neemt snel toe, evenals de kwaliteit die ze leveren. Niet alleen heeft dat te maken met steeds betere en beschikbare techniek, maar ook met het feit dat nieuwe makers meer openstaan voor kritiek en sneller anticiperen op nieuwe ontwikkelingen en mogelijkheden. Sommige professionele makers spreken neerbuigend over 'amateurs', of worden onzeker van het gemak en de snelheid waarmee de nieuwe groep produceert. Hoewel die onzekerheid in zekere zin begrijpelijk is, is het beter om deze nieuwe golf mediamakers te erkennen. Niet geld verdienen, maar hun passie voor media en het vertellen van verhalen is hun drijfveer. Dat toont grote betrokkenheid en bereidheid om te willen meedoen. Want waarom groeit deze groep anders zo snel? En waarom steken zij er zoveel tijd in zonder financiële beloning? Het is dus veel interessanter je af te vragen hoe traditionele organisaties hierop het beste kunnen inspelen; hoe om te gaan met het dunner wordende lijntje tussen producenten en consumenten.

SOCIALE BEZIGHEID

Creëren is leuk. Zo leuk dat jonge makers daar met plezier hun vrije tijd in steken. En waarom niet? Acht uur werken, acht uur slapen, dan blijven er nog acht hele uren over om andere dingen te doen. De drempel om zelf dingen creëren ligt dankzij toegang tot nieuwe technieken en sociale netwerken steeds lager. Bovendien levert het waardering op. Je maakt iets waarop je trots kunt zijn, en hop... je zet het op YouTube of Flickr om het met vrienden en andere geïnteresseerden te delen. Het is dus ook een sociale bezigheid. Een groeiend aantal volgers leidt zelfs tot een gevoel van 'ergens bij horen', onderdeel zijn van de club.

Als we de website van Thomas (www.youtube.com/user/Theaumes) nog eens goed bekijken, zien we dat die niet zozeer heel gelikt is, maar wel uitnodigend. Het laagdrempelige karakter lokt makkelijk reacties uit, de site is simpel, helder en functioneel, de tabjes spreken voor zich en er zijn voldoende mogelijkheden om te delen.

Eerder onderzoek van Deloitte & Touche toonde al aan dat de jongste generatie 'kijkers' meer openstaat voor user-generated content. Sterker nog, ze geven er soms zelfs de voorkeur aan boven professioneel gemaakte media. Ook in het mediagedrag merken we dat jonge mensen anders consumeren, namelijk: ze kijken relatief vaker uitgesteld, houden van losse fragmenten en blijven ondertussen zoveel mogelijk in contact met elkaar. Thomas speelt daar, met zijn eenvoudige website, op in met een indrukwekkend resultaat. Toen hij me vroeg of hij misschien stage mocht komen lopen bij een televisieprogramma, dacht ik direct: maar wie leert hier dan van wie?

INTERNETJOURNALIST

In potentie is iedereen tegenwoordig 'een journalist'. Kijk naar het stijgende aantal mensen dat zich sinds een paar jaar 'journalistiek uit' via blogs. En omdat we persvrijheid kennen en journalistiek geen beschermd beroep is, kan iedereen zich zomaar 'journalist' noemen. Hoewel de meeste internetjournalisten (of burgerjournalisten) niet schrijven als broodwinning (al verdienen sommigen via banners op hun blog een aardig zakcentje bij), kunnen hun verhalen wel veel impact hebben. Zo trekt blogger Nalden (Nalden.net)

maandelijks 600.000 unieke bezoekers op zijn blog over 'lifestyle, *met een positieve toonzetting*'. Niet in de laatste plaats omdat hij bovenop het nieuws zit en vaak als eerste nieuwtjes over 'toffe merken' post. Internetjournalisten staan bekend om hun specialisatie: omdat ze vanuit passie schrijven, ontstaan er onderscheidende blogs en websites over de meest uiteenlopende onderwerpen. Van curling tot toverlantaarns en van kippenfokken tot astrologie.

TRANSMEDIAMAKER

In hoofdstuk 6 zagen we al dat een nieuwe manier van verhalen vertellen vraagt om een nieuw type mediamaker: de transmediaproducer die alle platforms aan elkaar verbindt. In feite is hij schrijver, regisseur en producer ineen en weet hij raad met sociale netwerken. Thomas leerde zich deze kwaliteit zelf aan, maar een nieuwe generatie media-makers in opleiding zal steeds meer aan deze kenmerken gaan voldoen. Duizendpoten die geheel zelfstandig media produceren en tegen lage kosten een mooi resultaat opleveren. Wat willen we nog meer?

En dan te bedenken dat we amper een paar jaar geleden het begrip 'camjo' introduceerden, een samenvoeging van het woord 'camera' en 'journalist.' Bij de introductie van *Man bijt hond* in 1998 vroegen we voor het eerst in een vacature naar journalisten die geheel zelfstandig items voor het programma wilden maken. Aanvankelijk was er wat kritiek, maar inmiddels is deze werkwijze niet meer weg te denken. Dankzij slimme technieken en jonge enthousiaste makers.

SOCIAL MEDIA-SPECIALIST

Voor de jongste generatie mediamakers die is opgegroeid in het digitale tijdperk is werken met sociale netwerken net zo vanzelfsprekend als (of vanzelfsprekender dan) het voeren van een gesprekje bij de bushalte. Voor anderen, vaak oudere anderen, is die vanzelfsprekendheid er niet, wat best ingewikkeld kan zijn in je werk. Want hoe blijf je op de hoogte van de gesprekken die online over je worden gevoerd? Hoe stimuleer je dat gesprek? Hoe neem je er zelf aan deel? Steeds meer organisaties kiezen voor het aanstellen van een conversatiespecialist, of conversatie-manager die de online conversatie kan begeleiden en de oude en nieuwe wereld kan verbinden. Want, je *hoeft* het natuurlijk niet allemaal zelf te doen.

St. Clare, patroon Televisie

De katholieke kerk kent vele beschermheiligen. Maar… een beschermheilige voor televisie? Zeker wel! St. Clare (geboren in 1194, Assisi, Italië) werd 17 februari 1958 patroonheilige van de televisie. De reden: op een zekere dag was ze te ziek om de mis bij te wonen, maar op wonderbaarlijke wijze kon ze de mis zien én horen op de muur van haar kamer… Een terechte titel dus.

Feestdag: 12 augustus.

Isidorus van Sevilla, patroon internet

De voormalig aartsbisschop en kerkleraar Isidorus van Sevilla (geboren in 560, Cartagena, Spanje) werd in augustus 1999 door paus Johannes Paulus II uitgeroepen tot patroon internet vanwege zijn veelzijdige en haast alomvattende kennis. Isidorus heeft zelfs een eigen site (www.isidorusweb.nl) waar mensen een virtueel kaarsje kunnen opsteken.

Feestdag: 4 april.

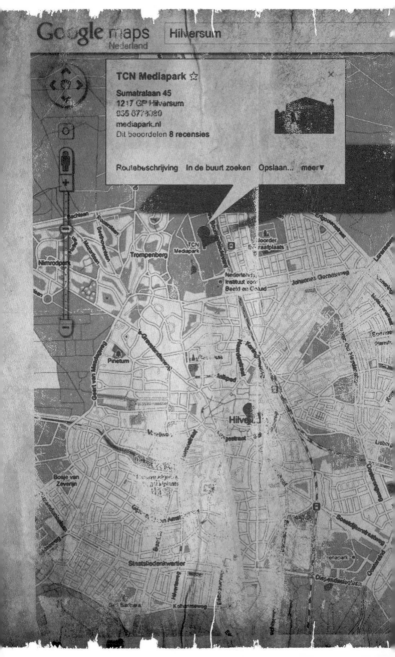

BEN IK IN BEELD?

EEN ADELAAR KAN 70 JAAR WORDEN *en is*
daarmee de langstlevende in zijn gevederde soort.
Echter, om die leeftijd te bereiken moet hij rond zijn veertigste levens-
jaar een ingrijpende beslissing nemen. Op die leeftijd kan hij zijn
klauwen niet meer goed gebruiken en wordt zijn snavel steeds botter
en krommer. Het wordt dus veel moeilijker om een prooi te vangen.
Bovendien worden zijn vleugels te zwaar door het massieve verendek.
Dan zijn er twee opties. Of langzaam sterven van de honger of kiezen
voor een pijnlijk, 150 dagen durend proces. Tijdens dit proces trekt
de adelaar zich terug in zijn nest bovenin de bergen. Eerst klopt
hij met zijn snavel net zo lang tegen een rots totdat die eraf valt.
Na een aantal weken groeit zijn snavel weer aan. Vervolgens
trekt hij de nagels uit zijn klauwen. Als de nagels weer zijn
aangegroeid, plukt hij zijn veren. Na vijf helse maanden kan
hij de vlucht van wedergeboorte maken; de adelaar kan daarna nog
30 jaar doorleven. Wat is nodig om jezelf opnieuw uit te vinden, of
jezelf voor te bereiden op een nieuwe toekomst?

DEELNEMEN EN VERRIJKEN

Echt verschil maken, jezelf op een positieve manier
onderscheiden, wordt een steeds grotere uitdaging.
Het gaat uiteindelijk niet zozeer over de vraag of je wel
gebruikmaakt van alle nieuwe mogelijkheden, nee, het
draait nog altijd om de bekende basisvragen. Wat is je bood-

schap? *Welk verhaal heb je te vertellen en waarom? Ben je geloofwaardig?* Breng een verhaal dat relevant is, inspireert en waaraan mensen graag deelnemen. Juist omdat in het nieuwe tijdperk zowel organisaties als mensen eerder worden aangesproken op hun toegevoegde waarde. *Welke betekenis heb je?* Het is geen toeval dat steeds meer merken zich verbinden aan een goed doel; The Body Shop stimuleert al jaren maatschappelijke rechtvaardigheid met *fair trade* en *no animal testing,* oliemaatschappij Chevron helpt Afrikaanse aidsslachtoffers en Motorola investeert veel geld in technische opleidingen. De boodschap, het verhaal, staat dus nog steeds centraal, pas daarna rijst de vraag hoe je optimaal tegemoet kunt komen aan de menselijke behoefte om mee te doen. En ook dat gaat over betekenisgeving. Neem het sporthorloge van Garmin dat niet alleen je hartslag meet tijdens het hardlopen, maar je ook de optie biedt om lid te worden van de Garmin-community waardoor je kennis en ervaring kunt uitwisselen met andere hardlopers, een dagboek kunt bijhouden van je resultaten en op-maat-gemaakte trainingsadviezen ontvangt. Alles verzameld op een simpele USB-stick, om samen een gezond leven na te streven.

Deelnemen gaat om het vergroten van betrokkenheid, in het besef dat bijdragen meer loyaliteit oplevert. Ook al is de reactie kritisch of negatief. Zie het vooral als waardevolle feedback. En dat is alleen mogelijk als je zelf ook deelneemt. Als leider of als volger.

"A DREAM YOU DREAM ALONE IS ONLY A DREAM. A DREAM YOU DREAM TOGETHER IS REALITY"

– John Lennon –

PERSOONLIJKE ERVARING = BETROKKENHEID

Het creëren van betrokkenheid en medezeggenschap is haast niet meer weg te denken. Bij Bol.com kunnen klanten een boek recenseren. Bij Serious Request van 3FM een artikel aanbieden op de veilingpagina. Bij het Eurovisie Songfestival kun je een stem uitbrengen. Bij TV Lab geef je jouw mening over het verbeteren van televisieprogramma's. Tijdens een talentenjacht kun je live de hartslag van kandidaten volgen. Of de opstelling van het voetbalelftal en de achtergronden van de spelers via het tweede scherm bekijken. Een ontwerp opsturen naar Lego en misschien wel je eigen creatie in het schap terugvinden. Je favoriete cabaretier input leveren voor zijn nieuwe theaterprogramma via Twitter. Hoe meer mogelijkheden voor eigen inbreng, hoe groter de betrokkenheid.

ONUITPUTTELIJKE BRONNEN

De kunst is om te experimenteren met nieuwe manieren om je verhaal te vertellen, je boodschap te brengen en daarmee gebruik te maken van verschillende platforms*. Het bieden van mogelijkheden om deel te nemen is nagenoeg onuitputtelijk: via websites, nieuwsbrieven, een eigen blog, sociale netwerken, fora, mensen hun stem laten geven of meehelpen aan de ontwikkeling van online games. En hoewel niet iedereen gelijk actief zal deelnemen, zorgt – vanuit je publiek gezien – het idee dat je de mogelijkheid biedt en er voor openstaat direct voor een heel andere beleving.

Nogmaals, je hoeft niet alles zelf te doen of in huis te hebben. Juist dat aspect is één van de meest aantrekkelijke kanten van het nieuwe tijdperk. Het aangaan van nieuwe samenwerkingsvormen levert namelijk meerwaarde en nieuwe inzichten op. Denk aan de creatieve samenleving. En realiseer je dat het bij creativiteit niet zozeer gaat om het zelf verzinnen van dat ene, ultieme idee, maar juist om het handig en anders combineren van bestaande mogelijkheden en visies. Aangesloten zijn op de vele ideeënbronnen. En die zijn overal. Zelf deed ik de afgelopen jaren de meeste nieuwe inzichten op tijdens het delen van mijn media-ervaringen met andere sectoren. Via presentaties, workshops, het schrijven van een blog en prikkelende gesprekken. De schooldirecteur die mediagedrag wil begrijpen om leerlingen beter

*Zie Extra 'Boeien, Boodschap, Binden' pag. 156

bij het onderwijs te betrekken. De ambtenaar die publieke inspraak een nieuwe vorm wil geven en de burgemeester voorstelt om zelf via sociale media het gesprek aan te gaan. Theaters die succesvol publiek betrekken bij de programmering van voorstellingen. En er op die manier achter komen dat klassiekers opnieuw populair zijn. Mensen in de zorg die het initiatief nemen om dakloze jongeren een camera te geven om hun eigen leven te fotograferen en daarmee een nieuwe ontwikkeling in gang zetten. Stuk voor stuk betekenisvolle verhalen.

OVERVLOED AAN AANBOD

Dat op het gebied van media heel veel verandert, kunnen we niet ontkennen. Hoeft ook niet, het is immers een goede zaak. Hierdoor beschikken we over een overweldigend aanbod aan informatie, audio- en videomateriaal. Alleen al op YouTube groeit – terwijl ik dit schrijf – het archief met 48 uur video per minuut, zo'n 70.000 uur per dag! En al die inhoud verplaatst zich nu van het computerscherm in de werkkamer naar de tv in de huiskamer of het scherm van je mobiele telefoon. Omdat er zoveel valt te kiezen qua content en platforms gaan mensen vanzelf vaker gebruikmaken van sociale netwerken. Vrienden op Facebook en Twitter snappen namelijk wat *jij* leuk vindt en je vertrouwt hen ook meer dan een schreeuwerige reclameslogan. Mond-tot-mond-reclame en persoonlijke tips zijn daarom belangrijker dan ooit.

Wie wil, kan zelfs zijn eigen tv-zender beginnen. De benodigde techniek is niet al te ingewikkeld en de kosten worden lager en lager. Het aantal aanbieders groeit daardoor. Media zijn nu voor iedereen toegankelijk en dus wordt bijna van je verwacht dat je er dus ook mee kunt omgaan. Dat geldt ook voor organisaties zonder media-achtergrond. *'Alle bedrijven worden mediabedrijven.'* Niet alleen het professionele aanbod neemt toe, ook de door gebruikers zelf geproduceerde media – de user-generated content – is steeds vaker van behoorlijke kwaliteit en bovendien makkelijk te delen met anderen. *De strijd om in beeld te komen, om aandacht te krijgen, is nog nooit zo groot geweest.*

Ook traditionele mediabedrijven ervaren die gevolgen en experimenteren met nieuwe vormen om publiek aan te trekken en te blijven boeien. Van één- naar tweerichtingsverkeer, van 'slechts' massamedium naar een persoonlijke aanpak en meer interactiemogelijkheden.

VEEL BEWEGING

Innovatie staat hoger dan ooit op de agenda. Eveneens een goede zaak en nog leuk om mee bezig te zijn ook. Het creëren en ontdekken van nieuwe mogelijkheden zorgt overal voor beweging. En beweging betekent vooruitgang. Vroeg of laat. Al duizelt het je in het begin soms van de nieuwe ideeën. Want alles kan tegenwoordig. Zoveel dat je er bijna onzeker van wordt, omdat het gevoel je bekruipt dat je het niet meer kunt bijbenen. Alsof je wakker bent geworden in een andere wereld en nog geen idee hebt hoe jij je hier moet gedragen. Een wereld vol nieuwe spelregels en omgangsvormen. Hoe verander je het denken van *'voor iedereen'* in *'samen met de ander?'* Het is een nieuwe manier van denken en vraagt ruimte om te pionieren en te kunnen experimenteren. Is een beetje bijsturen voldoende, of hebben we een totaal andere beweging nodig om mee te kunnen in de nieuwe ontwikkelingen? Soms is het nodig jezelf opnieuw uit te vinden, wat kan leiden tot een complete gedaanteverandering. Inmiddels heb ik zelf ervaren hoe belangrijk het is om het traditionele media-denken – bijvoorbeeld de behoefte aan controle en bezit – los te laten en mensen meer te zien als deelnemers. Publiek de mogelijkheid bieden om te delen, stemmen, meedenken en co-creëren. Ook weet ik nu hoe belangrijk en leerzaam het is om zelf naar buiten te treden en zichtbaarder te worden. Beter luisteren naar wat er wordt gezegd en echt aanspreekbaar te zijn. Veel meer mensen gingen me daarin al voor met indrukwekkende voorbeelden en soms verrassende wendingen. De boekwinkeleigenaar die een webshop op internet begon en door dat succes weer nieuwe filialen kon openen. Of de psycholoog die erachter kwam dat hij in korte tijd meer mensen online kon helpen en met een hoger resultaat. Het Tilburgse danstheater dat samen met het publiek het programma voor het komende seizoen samenstelt. De huisarts die een online spreekuur begon en daardoor een grotere groep patiënten kan helpen. Of de leraar die YouTube aanreikt als mogelijkheid om je werkstuk te publiceren. En dat alles begon met dezelfde vraag: *'Waarom doe ik de dingen die ik doe?'* En: *'Hoe kan ik het doen op een manier die aansluit bij de behoefte van anderen?'*

NIEUWE MEDIA, OUDE GEWOONTEN

Innovatie is belangrijk, maar geen doel op zich. De veelheid aan nieuwe mogelijkheden en het turbotempo waarmee het via internet wordt aangeboden gaat gepaard met het risico om de basisvragen uit het oog te verliezen. Heb je een goed verhaal? Dan gaat het niet om *alles anders doen*, maar waar je goed in bent *beter doen*.

KORT SAMENGEVAT GAAT HET BIJ INSPELEN OP NIEUW MEDIAGEDRAG OM:

- Jezelf de vraag stellen welk verhaal je wilt vertellen en waarom. Welke meerwaarde kun je bieden?

- Wat willen mensen en waar zijn ze te vinden? Hoe kun je iemand betrekken en laten deelnemen?

- Welke rijkere ervaring wil je dat mensen aan elkaar doorgeven? Hoe wil je dat ze (later) over jou of je bedrijf praten? Met andere woorden: welke resultaten vinden je achterkleinkinderen later terug via Google?

- **Oftewel: hoe ga je jouw geschiedenis schrijven?**

Passieve kijker → Interactieve deelnemer

Eenrichtingsboodschap → Transmediaal verhaal

Huiskamer → 24/7 en overal beschikbaar

IK

?

Massamedia → Persoonlijke relatie

Beperkt → Overvloedig aanbod

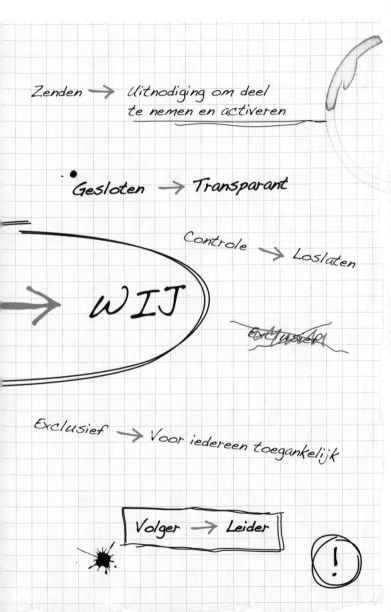

Zenden → Uitnodiging om deel
te nemen en activeren

Gesloten → Transparant

Controle → Loslaten

WIJ

Exclusief

Exclusief → Voor iedereen toegankelijk

Volger → Leider

(!)

"HET IS NIET DE STERKSTE SOORT DIE ZAL OVERLEVEN, MAAR DE SOORT DIE ZICH HET BESTE WEET AAN TE PASSEN AAN DE SITUATIE"

– Charles Darwin –

EXTRA

- **BOEIEN, BOODSCHAP, BINDEN**

- **TV LAB**

- **PERSOONLIJKE MEDIASTRATEGIE**

Een beetje non-fictieboek kan natuurlijk niet zonder eigen model. En dus, zie hier: *het BBB-model: Boeien, Boodschap, Binden*. Hoe maak je optimaal gebruik van alle digitale mogelijkheden? Hoe kun je internet inzetten voor het verhaal wat je wilt vertellen? Ingewikkelde kwesties? Geen paniek, uiteindelijk bieden slechts drie woorden je al een handzame leidraad. Eerst wil je mensen *boeien*. Dat begint met contact maken. Verwachting creëren bij wat komen gaat. Je kunt mensen ook laten meedoen, als researcher of als co-creator. Zodra het verhaal zich voldoende heeft ontwikkeld, deel je het met meer mensen. Oftewel, het moment dat je de *boodschap* gaat delen. In de media is dat het moment van *broadcast* (het uitzenden). Daarna gaat het erom dat je in contact blijft. Hoe kun je volgers en mensen die je boodschap hebben gehoord zo goed mogelijk aan je *binden*?

Dit model is toepasbaar voor en door iedereen die internet wil gebruiken om zijn of haar verhaal te verrijken. Bekijk het bijvoorbeeld eens vanuit het perspectief van een leraar in het klaslokaal. Welke mogelijkheden geeft dat?

Onder de titel 'Engage me' maakten kinderen van de Robin Hood-school in Birmingham voor YouTube een filmpje met vragen als: waarom kan ik op school mijn iPod niet gebruiken in de klas? Of: ik game graag. Ben ik dan aan het spelen of leren? En: hoe kunnen docenten mij meer

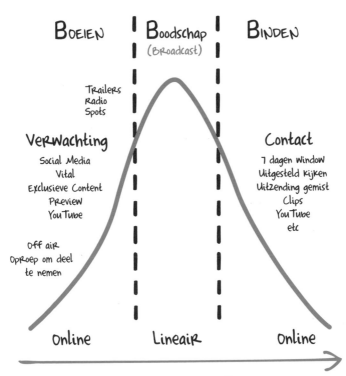

BOEIEN | Boodschap | BINDEN
(Broadcast)

Trailers
Radio
Spots

Verwachting   Contact

Social Media   7 dagen window
Vital   Uitgesteld kijken
Exclusieve Content   Uitzending gemist
Preview   Clips
YouTube   YouTube
                               etc

Off air
Oproep om deel
te nemen

Online   Lineair   Online

Transmedia Storytelling

TVLab 2011

betrekken bij het onderwijs? Ook rond het klaslokaal is het nu mogelijk het verhaal rijker te vertellen. Niet meer 'oldschool', waarbij de leraar traditioneel voordraagt uit een boek, maar 'newschool', gebruikmakend van alles wat nu mogelijk is.

IK HEB AL EERDER VOORBEELDEN GENOEMD. HIER VOLGT NOG EEN AANTAL MOGELIJKHEDEN:

- Een blog of dagboek bijhouden met daarin de achtergrond van en onderzoek naar je verhaal of project.
- Via sociale netwerken direct communiceren met anderen over het verloop van je project. Stel vragen, lok reacties uit met een stelling en deel kersvers vergaarde kennis eerst met je deelnemers of volgers.

👍 4 people like this.

- Door een hashtag (#) te koppelen kun je eenvoudig zien wat er op Twitter over je verhaal wordt gezegd.
- Voeg een eenvoudige quiz toe.

👍 7 people like this.

- Aanbieden van exclusief 'backstage'-materiaal. Maak korte clips die je makkelijk kunt doorsturen via YouTube.

- Het faciliteren van discussie over een bepaald onderwerp op een forum om een goed beeld te krijgen van wat er leeft.
- Het maken van een viral video ter promotie.
- Onderzoek de mogelijkheden van het tweede scherm om ook tijdens het project extra deelnamemogelijkheden te geven.

👍 3 people like this.

- Werk je aan een project? Zorg dat alles snel online beschikbaar is. Het momentum telt.

👍 2 people like this.

- Voeg een poll toe. Veel mensen vinden het leuk om hun stem te kunnen uitbrengen. 'Like' of 'not-like.' Of creëer de mogelijkheid om waardering uit te spreken door het geven van een cijfer.

👍 4 people like this.

- Bied een nieuwsbrief aan om op de hoogte te blijven.
- Zorg dat er na afloop van het project voldoende materiaal beschikbaar is om terug te kijken en met anderen te delen.

TV Lab. In een notendop: een week lang proefprogramma's op televisie uitzenden – primetime! – met een kijkerspanel dat de programma's beoordeelt. Een serieuze speeltuin met veel ruimte voor experiment. De eerste versie van het project (2009) leverde negentien nieuwe programmatitels op, waarvan er acht een vervolg kregen. Het was ook een eerste experiment om vanuit Nederland 3 kijkers te vragen om mee te denken over programma's en de programmering. Geen eenrichtingsverkeer, maar mensen de mogelijkheid bieden hun mening en oordeel te geven, alles on-demand beschikbaar te stellen en dit ook weer met elkaar te delen. Oftewel, de opties die we inmiddels ook van YouTube kennen. Het resultaat was positief: legio aanmeldingen voor het kijkerspanel van vooral jonge kijkers, duizenden reacties en groeiende interesse uit het buitenland.

In 2010 volgde de tweede editie van TV Lab. Naast wederom een hoop nieuwe pilots was er nóg meer ruimte voor interactie: de introductie van de kijkerspitch (kijkers konden zelf programma-ideeën insturen), een grotere rol voor social media en de ontwikkeling van een instrument om de impact van programma's terug te kijken aan de hand van sociale media. Het bleef niet onopgemerkt...

How Social Media is Changing the Business of Television

Mashable, December 10, 2010 by Lisa Hsia   👍 Like   Send   **696 people like this.**

A great example is Nederland 3, a Dutch public broadcaster. Its TV Lab airs and streams the pilots for new shows each fall and asks viewers to vote and share their impressions, which are recorded in real time and displayed online for all to see. The station pick the new shows based on this viewer feedback. This approach, if adopted more widely, could have far-reaching effects on how networks create content for their audiences.

De Telegraaf 3 september 2010   *De Telegraaf*

Twijker

door Marcel Peereboom Voller

Met nog één avond uitprobeertelevisie bij TV Lab voor de boeg, zien we dat de kijker een twijker is geworden. Een twitterende kijker. (...) Want de tweets van de twijker verschijnen op televisie, een stokoude techniek die door het getwitter nieuw leven wordt ingeblazen.

Metro, 17 december 2010

TV Lab krijgt Europese navolging

TVL Lab (de themaweek op Nederland 3 waarin nieuwe programma's worden getest) krijgt volgend jaar een Europees vervolg. Dat heeft de European Broadcast Union (EBU) meegedeeld.

De EBU is een samenwerkingsverband tussen de verschillende Europese publieke omroepen.

Tijdens het schrijven van dit boek is de derde Nederlandse editie en de eerste buitenlandse editie van TV Lab in voorbereiding. Duitsland, België, en Slovenië zijn de eerste landen die een eigen versie ontwikkelen.

De Morgen over TV Lab: 'De twitteraar als tv-barometer'

TV Lab zet in op social media

Spits, 18 augustus 2010

TV Lab heeft een nieuwe manier gevonden om de mening van het publiek te peilen. Naast de recensies van de panelleden wordt dit jaar voor het eerst gebruik gemaakt van social media om kijkers te polsen. Onder andere Twitter, Facebook en Hyves worden hiervoor aangewend.

HOE SOCIALE MEDIA TE GEBRUIKEN VOOR EEN PROJECT:

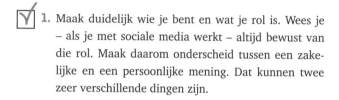 1. Maak duidelijk wie je bent en wat je rol is. Wees je – als je met sociale media werkt – altijd bewust van die rol. Maak daarom onderscheid tussen een zakelijke en een persoonlijke mening. Dat kunnen twee zeer verschillende dingen zijn.

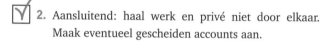 2. Aansluitend: haal werk en privé niet door elkaar. Maak eventueel gescheiden accounts aan.

 3. Realiseer je dat je niet alleen namens het project deelneemt, maar ook namens het merk van de organisatie.

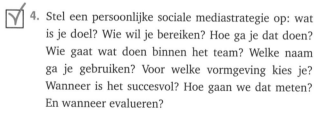 4. Stel een persoonlijke sociale mediastrategie op: wat is je doel? Wie wil je bereiken? Hoe ga je dat doen? Wie gaat wat doen binnen het team? Welke naam ga je gebruiken? Voor welke vormgeving kies je? Wanneer is het succesvol? Hoe gaan we dat meten? En wanneer evalueren?

5. Leg je oor goed te luister voordat je actief gaat deelnemen.

6. Begin kleinschalig. Experimenteer eerst in een kleine groep. Nodig bijvoorbeeld vrienden uit en kijk hoe het werkt.

7. Wees ook 'sensor' voor je organisatie. Signaleer wat mensen over jouw organisatie met elkaar delen. En doe daar je voordeel mee.

8. Eerste indruk is belangrijk. Kies dan ook met zorg je profielfoto op Facebook.

9. Begrijp het concept van communities: iedereen is gelijk, het gaat erom elkaar te ondersteunen en om bij te dragen.

10. Wees transparant, maar ook voorzichtig met vertrouwelijke informatie.

11. Schrijf vanuit eigen ervaring en kennis. Dát is waarom mensen je volgen. Kom met nieuwe ideeën. Voeg iets toe aan het bestaande.

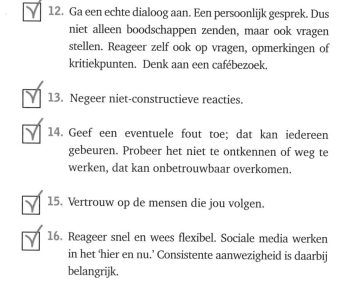

12. Ga een echte dialoog aan. Een persoonlijk gesprek. Dus niet alleen boodschappen zenden, maar ook vragen stellen. Reageer zelf ook op vragen, opmerkingen of kritiekpunten. Denk aan een cafébezoek.

13. Negeer niet-constructieve reacties.

14. Geef een eventuele fout toe; dat kan iedereen gebeuren. Probeer het niet te ontkennen of weg te werken, dat kan onbetrouwbaar overkomen.

15. Vertrouw op de mensen die jou volgen.

16. Reageer snel en wees flexibel. Sociale media werken in het 'hier en nu.' Consistente aanwezigheid is daarbij belangrijk.

17. Maak duidelijke afspraken met elkaar en met de organisatie. Bijvoorbeeld wie over welke onderwerpen het woord voert.

18. Uiteindelijk ben je zelf verantwoordelijk voor je eigen communicatie.

☑ **19.** Zorg dat je op de hoogte bent van copyright. Als je bijvoorbeeld een foto van een fotograaf op Facebook wilt plaatsen, dan zijn daaraan rechten verbonden.

☑ **20.** Voeg een disclaimer toe. Voorbeeld voor een blog: *Deze blog wordt op persoonlijke titel geschreven. In het geval waar de schrijver zijn mening uit, is dit een persoonlijke opinie die niet overeen hoeft te komen met de visie van de werkgever. De schrijver behoudt het recht voor om grievende, discriminerende en bedreigende reacties te wijzigen of verwijderen.*

☐ **21.** ....
....
....
....

☐ **22.** ....
....
....
....
....

"VOORUITGANG IS ONMOGELIJK ZONDER VERANDERING, EN WIE NIET VAN GEDACHTEN KAN VERANDEREN, KAN NIETS VERANDEREN."

– George Bernard Shaw –

HET FENOMEEN SOCIALE MEDIA *wordt in verschillende 'buzzwoorden' beschreven, zoals user-generated content, in the cloud, co-creatie en social tv. Maar de beste omschrijving van de kracht van sociale media is misschien wel de metafoor van het mierenvolk.*

'MIERACULEUZE' INTELLIGENTIE

Een mier beschikt over beperkte intelligentie. Individueel gezien zijn ze vrijwel tot niets in staat. En toch zijn mieren één van de meest succesvolle diergroepen op aarde. Waarom? Omdat ze gezamenlijk een efficiënt samenwerkend geheel vormen. Ze worden niet voor niets 'sociale insecten' genoemd.

Een mierenkolonie bestaat uit één of meerdere koningin(nen), soms een paar jonge mannetjes (die niet lang na het paren met de koningin sterven) en vooral uit heel veel werksters. De werksters zijn individueel goed in staat om hun eigen, simpele taak uit te voeren. Zo zijn er onder anderen verkenners, voedselverzamelaars, nestonderhouders, verzorgers, soldaten en wegenbouwers. Geen van allen overziet het grotere geheel, maar samen kunnen ze wel een goed georganiseerd nest bouwen. Mieren werken voor elkaar zonder dat iemand echt de leiding heeft en zonder een afgesproken plan. Gek genoeg komen ze samen toch tot oplossingen voor schijnbaar ingewikkelde problemen. Dit heet met een mooi woord 'zwermintelligentie'. Door simpele regels na te leven gedraagt de groep zich als geheel intelligenter en creatiever dan dat ze ieder voor zich in staat zouden zijn. Typisch geval van het geheel is meer dan de som der delen. Neem bijvoorbeeld de kortste route naar voedsel: als mieren voedsel vinden, slepen ze dit naar hun nest. Elke mier laat daarbij een geurspoor achter. Instinctief volgen de mieren het spoor van de mier die het eerst terug is op het nest. Simpel, slim, efficiënt. Elke mier voert zijn eigen specialisme uit, tenzij er dringend behoefte is aan iets anders.

Wat zegt dat over het werken met sociale media? Sociale media gaan ook voor een belangrijk deel uit van zelforganisatie. Trending topics zijn te vergelijken met de geursporen naar de voedselbron van de mier. Ook de kracht van sociale media zit in de optelsom van wat je individueel bijdraagt. Online interactie en het delen van informatie, leidt tot nieuwe inzichten waar iemand in zijn eentje niet snel op zal komen. Sociale media verbinden en versterken gedachten en ideeën. Anderen bouwen voort op jouw eerste concept. Hoe aantrekkelijker het idee, hoe groter de kans dat het wordt uitgewerkt door het collectief, in plaats van dat één leider bepaalt wat wordt geselecteerd.

We verwisselen als het nodig is makkelijk van rol, van consument naar producent en vice versa. *Prosumers*. En misschien nog wel de belangrijkste vergelijking: een mier verzamelt geen informatie om het voor zichzelf te houden, maar zorgt ervoor dat de voltallige gemeenschap hiervan gebruik kan maken en er beter van wordt.

"HET IS VERBAZINGWEKKEND WAT JE KUNT BEREIKEN ALS JE HET NIET BELANGRIJK VINDT WIE DE CREDITS KRIJGT."

– H.S. Truman –

171

DANKWOORD

Een boek publiceren doe je niet alleen. Natuurlijk zit je als schrijver wel lange tijd afgezonderd met je laptop als enige kompaan, maar vóór het daadwerkelijk zover is... Daarom wil ik meerdere mensen bedanken voor hun bijdrage. Ook degenen die ik niet persoonlijk ken of alleen via een pseudoniem of twitternaam, zoals Have to run, CNIOR, Libel, Elja1op1 en Olov_Hesselmans. Dank!

DAARNAAST WIL IK EEN AANTAL MENSEN IN HET BIJZONDER NOEMEN:

... Dianne Caris, die mijn eerste bevindingen aanhoorde en van helder commentaar voorzag.

... Arthur Vierboom, mijn meelezer met een vrijwel onbeperkt associatievermogen en steevast boordevol aanvullende links.

... Erland Swaving en Gerard Timmer voor het meedenken over de ontwikkeling van het boek.

... Marion van Dam voor haar marketingbijdrage.

... Marieke Hermans, Hilde de Jong en Diane van Ieperen voor de ondersteuning bij de blogs.

... de collega's op het Media Park met wie ik dagelijks in gesprek ben over media.

... Ilona Jägers voor de juridische ondersteuning.

... Uitgeverij FC Klap en in het bijzonder Rob en Erik Klap, Studio FC Klap en Kim Hopmans voor de begeleiding, vormgeving, eindredactie, distributie en alle werkzaamheden die bij het uitgeven van een boek komen kijken.

... Mijn vrouw Mientje 'voor het meeleven en steun' en 'mijn' kinderen die mijn ontdekkingsreis nog steeds dagelijks volgen en me daarin ook stimuleren.

... En Johan Sebastiaan Bach die me op de achtergrond muzikaal begeleidde.

Bij voorbaat mijn excuses voor degenen die ik over het hoofd heb gezien, laat het me vooral snel weten.

Veel dank.
Zonder jullie was dit boek er niet geweest.

"SO MANY BOOKS, SO LITTLE TIME"

- Frank Zappa -

Tijdens het schrijven heb ik verschillende boeken, blogs en andere bronnen geraadpleegd. Voor wie hierin verder wil lezen, volgt een selectie van de gebruikte bronnen. Ik heb deze lijst zo nauwkeurig mogelijk samengesteld. Maar mocht je in het boek iets tegenkomen wat hieraan toegevoegd moet worden, laat het me dan vooral weten.

Alberdingk Thijm, Christiaan. *Moet ik sociale media verbieden voor mijn werknemers?* http://www.fdye.nl/

Anderson, Chris. *Free: How today's smartest businesses profit by giving something for nothing,* Random House Business Books, 2010

Auteur onbekend. *Academic information on social media,* http://www.aiosocialmedia.nl/

Auletta, Ken, *Googled. The end of the world as we know it,* The Penguin Press, 2009

Asur, Sitaram e.a. *Trends in social media: Persistence and decay,* http://www.hpl.hp.com/

Belleghem, Steven van. *De conversation Manager,* Uitgeverij Lannoo nv, Tielt & van Duuren management, 2010

Beth's blog: *nonprofits and social media* http://beth.typepad.com/

Blom, Erwin. *Handboek communitie. De kracht van sociale netwerken,* A.W. Bruna Uitgevers BV, 2009

Brafman, Ori en Beckstrom Rod A. *De zeester en de spin. De onstuitbare kracht van organisaties zonder leider,* Bruna Uitgevers BV, 2010

Brown, Rob. *Public relations and the social web. How to use social media and the web 2.0 in communications,* Kogan Page Limited, 2009

Carr, Nicolas. *The Shallows. What the internet is doing to our brains,* W.W. Norton & Company, Inc. 2010

Chopra, Deepak. *De zeven spirituele wetten van succes. Een praktische gids voor het vervullen van uw dromen,* Uitgeverij J.H. Gottmer/H.J.W. Becht BV. 1995

COCD info, definitie wilde ganzen, http://www.cocd.org/

Davies, Nick. *Flat earth news. An award-winning reporter exposes falsehood, distortion and propaganda in the global media*, Vintage 2009.

Dembitz, John A. *It's the people! What really drives great management and leadership*, LID publishing Ltd., 2010

Gilbert, Elizabeth: on nurturing creativity http://www.ted.com/talks/

Gooi, Daniël van. *Jeff Gomez Reveals Secrets to Transmedia Franchise Development at CineKid*, http://www.argn.com/2010/11/

Godin, Seth. *Tribes: jij moet ons leiden*, A.W. Bruna uitgevers BV, 2009

Godin, Seth. *Poke the box*, Do You Zoom, Inc. 2011

Hsia, Lisa. *How social media is changing the business of television*, http://mashable.com/2010/12/10/social-media-business-tv/

Hsieh, Tony. *Delivering Happiness. A path to profits, passion and purpose*, Hachette Book Group, 2010

Huijskens, Charles. *Code sociale media, Richtlijnen voor zakelijk gebruik*, Bertram + de Leeuw uitgevers, 2010

Jarvis, Jeff. *Wzgd? Wat zou Google doen?* Uitgeverij Mouria, 2009

Lanting, Menno. *Connect! De impact van sociale netwerken op organisaties en leiderschap*, Business Contact, 2010

Leadbeater, Charles: on innovation, http://www.ted.com/talks/

Leadbeater, Charles. *We-think, Delen-creëren-innoveren*, Sdu Uitgevers bv 2009

Leboff, Grant. *Sticky Marketing. Why everything in marketing has changed and what to do about it*, Kogan Page Limited, 2011

Liefde, Willem H.J. de. *African tribal leadership, Van dialoog tot besluit*, Kluwer 2002.

Kawasaki, Guy. *The six twitter types*, http://www.openforum.com/

idea-hub/topics/the-world/article/the-six-twitter-types-guy-kawasaki

Kotler, Philip, Hermawan Kartajaya, Iwan Setiawas. *Marketing 3.0. From products to Customers to the Human Spirit*, John Wiley & Sons, Inc. 2010

Mutter, Alan D. *Beyond web 2.0 . You ain't see nothin' yet*, http://www.tapitpartners.com/

NPOX blog, *Verslag NPOX Lab transmedia*, http://www.npox.nl/

Peters, Steve. *The transmedia Hijack (or How transmedia is the new dihydrogen monoxide)*, http://www.stevepeters.org/

Poniewozik, James. *Twitter and TV: How social media is helping old media*, http://www.time.com/

Roo, Henc R.A. de. *De Luikerwaal*, http://www.luikerwaal.com/newframe_nl.htm?/wonder1_nl.htm

Richardson, Pat. *Social media group dynamics are a form of ant colony*, http://smonow.com/social-media-ant-colony

Shirky, Clay. *Here comes everybody. How change happens when people come together*, Penguin Group, 2008

Shirky, Clay. Slimmer. *Hoe sociale media ons effectiever, creatiever en actiever maken.* Business Contact, 2010

Sturm, Brian. *Storytelling theory and practice*, http://www.youtube.com/

Papscott, Don en Williams, Anthony D. *Wikinomics, How mass collaboration changes everything*

Tender, Jean Philip de. *Alles is een verhaal*, Uitgeverij Lannoo nv, 2010

The story of the eagle, http://www.youtube.com/

Trendwatching.com, "*Customer made*", http://trendwatching.com/

Woerde, Mark. *How advertising will heal the world and your business*, Free Musketeers, 2011

Wil je contact met me opnemen om je mening te geven, een vraag te stellen, een eigen ervaring te delen of om een andere reden, dan zijn er verschillende mogelijkheden:

@ e-mail roek.lips@omroep.nl

t twitter @roeklips

B blog: http://www.tvlab.nl

Afscheuren en opsturen kan ook:

_____

_____

_____

_____

_____

NPO
t.a.v. Roek Lips
Postbus 26444,
1202 JJ Hilversum